나 혼자 간다!
여행 베트남어

나 혼자 간다! 여행 베트남어

초판 1쇄 인쇄 2018년 2월 20일
초판 1쇄 발행 2018년 2월 23일

지은이 임석찬·차현진
펴낸이 서덕일
펴낸곳 문예림

출판등록 1962.7.12 (제406-1962-1호)
주소 경기도 파주시 회동길 366 (10881)
전화 (02)499-1281~2 **팩스** (02)499-1283
전자우편 info@moonyelim.com
홈페이지 www.moonyelim.com

ISBN 978-89-7482-886-8 (13730)
값 14,000원

나 혼자 간다!
여행 베트남어

임석찬 · 차현진 지음

문예림

머리말

베트남은 한반도 면적의 약 1.5배인 330,957km²으로 남북길이가 1,700km에 가늘고 긴 S자 형태이다. 국토는 크게 북부, 중부, 남부지역으로 나눈다. 2017년 12월을 기준으로 인구는 약 9,600만 명이고 매년 5~7%의 경제 성장률을 달성하고 있다. 전체 인구의 86%를 차지하는 경족(Dân tộc Kinh)을 포함한 54개의 민족으로 구성되어 있으며, 소수 민족의 언어가 있지만 베트남어를 공용어로 사용한다.

우리나라와 베트남은 베트남 종전 이후 17년이 지난 1992년 12월 22일에 정식으로 외교관계를 수립하였다. 양국은 서울과 하노이에 대사관을 설립했고, 1993년에는 주 호찌민 한국 총영사관을 설치했다. 2016년 말 기준, 베트남에 거주하는 한국인은 약 15만 명이고, 베트남에 방문한 한국인은 약 154만 명이었다. 또한 한국에 거주하는 베트남인은 약 15만 명이고, 한국을 방문한 베트남인은 약 24만 명이었다. 베트남의 빠른 경제 성장과 베트남 내의 한류에 힘입어 한국과 베트남의 경제적, 인적 교류가 나날이 증대되고 있다. 특히, 한국 기업의 노동력 공급원이자 현지 생산기지로서 베트남의 중요성은 크게 확대되고 있는 상황이다.

베트남에 살면서 단기 여행객을 비롯해 비즈니스, 이주, 유학 등을 목적으로 온 많은 한국인을 만날 수 있었다. 그들 대부분은 베트남에 오기 전 미리 베트남어를 공부하고 왔다. 하지만 간단한 인사와 자기소개도 힘든 상황이 대부분이었다. 베트남에 오면 자음, 모음부터 다시 공부하는 경우가 태반이었다. 이러한 문제를 겪는 이유는 베트남어 학습자들이 베트남어 발음의 중요성을 간과하기 때문이다. 성조에 따라 의미가 분화되는 것에 숙지를 못한 것과 베트남어는 영어의 알파벳을 빌려 쓰기는 하지만 영어발음과 다르다. 대충 영어식으로 발음을 해버리면 의사소통이 될 수 없다. 더불어 원활한 의사소통은 해당 언어의 역사와 문화를 이해하고 존중해야 가능한 일이다. 베트남 문화가 한국과 다름을 인정하고 후진국이라고 깔보거나 업신여기는 태도를 보여서는 안 된다. 베트남어의 빠른 습득을 위해서는 베트남인의 실제 생활 속에 들어가 그들과 융화되어야만 가능한 일이다.

따라서 이 책에서는 베트남 여행, 유학, 이주 생활 등에서 베트남인이 많이 쓰는 표현위주로 의사소통 상황에 따라 문제해결 중심으로 베트남어 회화를 구성하였다. 이와 더불어 부록에는 베트남어 기본 문법을 개괄 정리하였으며, 상황별 관련된 어휘를 확장하여 책에 나오지 않는 상황에서도 활용할 수 있도록 하였다. 그리고 베트남 여행 및 생활 속 정보를 추가하여 베트남어는 물론 여행, 현지 생활과 문화를 이해할 수 있는 정보를 제공함으로써 베트남어 학습에 도움이 되도록 하였다.

베트남으로 여행을 떠나고자 하는 사람, 베트남어 수능 학습자, 베트남어 전공자, 미래 베트남 전문가가 되기 위해 준비하는 모든 이에게 도움이 되었으면 하는 바람이다.

2018년
임석찬 · 차현진

차례

3 호텔

4 식당

5 교통 · 길

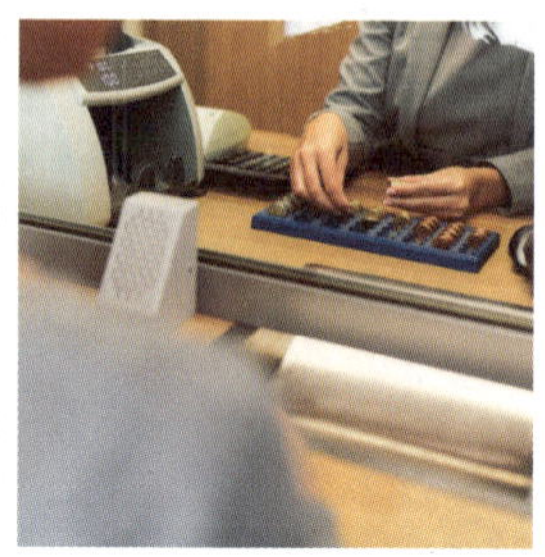

6 쇼핑 · 여행

7 약국 · 병원

8 학교 · 기관

9 일상표현

베트남어 기초

① 알파벳과 발음

오스트로 아시아어족의 몬·크메르어군에 속하는 베트남어는 베트남인 약 1억 명 중 약 87%에 달하는 경족(Dân tộc Kinh)의 모국어이자 54개의 소수민족으로 이루어진 베트남의 공용어이다. 베트남어는 수도 하노이를 중심으로 한 북부방언, 후에를 중심으로 한 중부방언, 호찌민시를 중심으로 한 남부방언으로 크게 나뉜다. 표준어는 북부 베트남어이다. 방언 간 의사소통의 문제는 크게 없으나 북부방언은 여섯 개의 성조가 있으며 중부방언과 남부방언에는 5개의 성조만 있다. 베트남어의 글자는 18세기 포르투갈 신부에 의해 로마자로 표기하기 시작했으며, 이전에는 한자를 빌려 '쯔놈(Chữ Nôm)'이라는 글자로 표기했다. 그래서 베트남어는 아직도 한자어를 근간으로 한 단어(Từ Hán–Việt)가 많다. 베트남어의 주요 특징은 다음과 같다.

첫째, 베트남어는 알파벳 그대로 발음한다.

둘째, 6개의 성조(6 Thanh điệu)가 있어 같은 음이라도 성조에 따라 뜻이 달라진다.

셋째, 한국어는 S-O-V 어순이고 베트남어는 S-V-O 어순이다.

넷째, 한국어는 형용사–명사, 명사–수사 어순인 반면에, 베트남어는 명사–형용사(Hoa đẹp), 수사–명사(một người đàn ông) 어순이다.

다섯째, 베트남어는 고립어로 격, 수, 인칭, 시제에 따라 어미가 변하지 않는다.

여섯째, 베트남어는 각 음절을 서로 분리해 발음한다.

일곱째, 베트남어에는 일반동사를 도와주는 동사(조동사)가 있다. Nên+동사(~필요하다), Phải+동사(~해야 한다), Muốn+동사(~원한다) 등이다. 또한 한국어의 '명사–이다'와 비슷한 베트남어 là(~이다)는 명사 뒤에 바로 사용할 수 있다. 예를 들어, 'Cô ấy đẹp(그녀는 아름답

다)’에서 là를 사용하지 않는다. 하지만 한국어와 어순이 다르게 쓰여 초급 학습자가 자주 오류를 일으키는 문법 요소 중 하나이다.

여덟째, 한국어는 ‘명사+후치사(조사)’, 베트남어는 ‘전치사+명사’ 언어이다.

아홉째, 베트남어에는 명사의 성질이나 종류에 종별사가 쓰인다. 사물명사 앞에는 cái, 동물명사 앞에는 con 등이 쓰인다.

열째, 과거 중국 한자문화의 영향으로 명사 위주로 한자–베트남어 (Từ Hán–Việt)가 다수 있다. 예를 들어, 대학을 뜻하는 Đại học[다이 혹]은 大學(대학)에서 유래했다. 그러나 발음은 비슷하지만 뜻이 다른 어휘도 있다.

❶ 자모음

🎧 0-1.mp3

한국어의 자음은 ㅂ–ㅃ–ㅍ, ㄷ–ㄸ–ㅌ, ㄱ–ㄲ–ㅋ, ㅁ–ㄴ–ㅇ 등처럼 조음 위치와 조음 방법에 따라 평음, 격음, 경음 등으로 대립한다. 이에 반해, 베트남어의 자음은 b–p, d–t–th , f–v, s–z 등처럼 유성음과 무성음으로 대립한다. 따라서 베트남인이 한국어 자음을 발음할 때 ㅂ–ㅃ–ㅍ 등을 구별해 발음하는 것을 어려워하고, 반대로 한국인이 베트남어 자음을 발음할 때 b–p, d–t, f–v, s–z 등의 구별에 어려움을 겪는다. c, k, p, q, t는 영어와 다르게 된소리(경음)가 난다. c, k는 ㄲ로 p는 ㅃ로, q는 ㄲ, t는 ㄸ로 발음한다. 베트남어에 영어 알파벳 중 f, j, w, z는 없다.

베트남어 모음 중에서 â, ă, ơ 등 부호는 성조가 아니다. ơ와 a는 장단이 구별되어 â와 ă는 다른 모음보다 짧게 발음한다. u는 한국어의 ‘ㅡ’와 비슷하게 발음된다. 한국어에서 ‘에’와 ‘애’ 발음을 대부분의 사람은 구별하지 않지만 베트남어에서는 ‘ê’와 ‘e’를 각각 구별하여 발음한다는 특징이 있다.

한국어는 소리대로 적는 것을 원칙으로 하되, 여러 가지 음운현상으로 쓰는 것과 다르게 발음하기도 한다. 그러나 베트남어에서는 모든 음소를 제 음가대로 발음하기 때문에 음운현상(비음화, 유음화, 구개음화 등)이 일어나지 않는다. 따라서 베트남어를 발음할 때는 표기된 그대로 글자 하나하나를 모두 발음하면 된다.

철자	스펠링	소리		음가	비고
a	a	/a/	아	아	입을 크게 벌려서 '아'로 발음
ă	á	/ă/	아	아	음을 높고 짧게 '아'로 발음
â	ớ	/ɤ/	어	어	짧게 '어'로 발음
b	bê	/b/	베	ㅂ	성대를 떨면서 'ㅂ'로 발음
c	xê	/k/	꺼	ㄲ	약하고 짧게 'ㄲ'로 발음
d	dê	/z/	저	ㅈ	혀끝으로 목구멍으로 'ㅈ'로 발음/ 남부지방에서는 'ㅇ'로 발음
đ	đê	/d/	더	ㄷ	목구멍으로 'ㄷ'로 발음, 혓바닥을 입천장에 닿지 않게 발음
e	e	/ɛ/	애	애	입을 위아래로 길게 '애'로 발음
ê	ê	/e/	에	에	입을 양옆으로 짧게 '에'로 발음
g	gờ	/ɤ/	거	ㄱ	목구멍으로 'ㄱ'로 발음
h	hát	/h/	허	ㅎ	목구멍으로 'ㅎ'로 발음
i	i	/i/	이	이	짧게 '이'로 발음
k	ca	/k/	까	ㄲ	약하고 짧게 'ㄲ'로 발음
l	e lờ	/l/	러	ㄹ	혀끝으로 'ㄹ'로 발음
m	e mờ	/m/	머	ㅁ	입술을 이용해서 'ㅁ'로 발음
n	e nờ	/n/	너	ㄴ	혀끝을 앞니 뒤에 대고 'ㄴ'로 발음
o	o	/ɔ/	오	오	입을 크게 벌려서 '오'로 발음, '오'와 '아'의 중간음이 남
ô	ô	/o/	오	오	입을 둥글게 작게 모아서 '오'로 발음
ơ	ơ	/ɤ/	어	어	길게 '어'로 발음
p	pê	/p/	뻬	ㅃ	입술을 붙였다 빼서 'ㅃ'로 발음

철자	스펠링	소리		음가	비고
q	qu/quy	/k/	꿔	ㄲ	약하고 짧게 'ㄲ'로 발음/ 남부지방에서는 발음하지 않음
r	e rờ	/ʐ/	러	ㅈ	성대를 떨면서 'ㅈ'로 발음/ 남부지방에서는 영어 'r'처럼 '러'로 발음
s	ét sì	/ʂ/	써	ㅆ	강하게 'ㅆ'로 발음
t	tê	/t/	떠	ㄸ	약하고 짧게 'ㄸ'로 발음
u	u	/u/	우	우	입을 오므려서 '우'로 발음
ư	ư	/ɯ/	으	으	입을 옆으로 길게 '으'로 발음
v	vê	/v/	버	ㅂ	영어의 'v'와 유사하게 'ㅂ'로 발음
x	ích xì	/s/	서	ㅅ	약하고 짧게 's'로 발음
y	y dài	/i/	이-	이	길게 '이' 발음

❷ 이중자음

🎧 0-2.mp3

철자	스펠링	소리		음가	비고
ch	xê hát	/c/	쩌	ㅉ	약하고 짧게 'ㅉ'로 발음
gh	gờ hát	/ɣ/	거	ㄱ	목구멍으로 'ㄱ'로 발음
kh	ca hát	/χ/	커	ㅋ	'ㅎ' 발음을 섞어 목구멍으로 'ㅋ'로 발음
ng	e nờ gờ	/ŋ/	응어	응어	목구멍에서 머금고 '응어'로 발음
ngh	e nờ gờ hát	/ɲ/	응이	응이	목구멍에서 머금고 '응이'로 발음
nh	e nờ hát	/ɲ/	녀	ㄴ	혀끝을 입천장에 댔다가 '니' '녀' '냐로 발음
ph	pê hát	/f/	퍼	ㅍ	영어의 'f'와 유사하게 'ㅍ'로 발음
th	tê hát	/th/	트	ㅌ	혀끝을 입천장에 대면서 기를 내뱉으며 '트'로 발음
tr	tê e rờ	/t/	쩌	ㅉ	강하게 'ㅉ'로 발음
gi	gờ i	/z/	지	ㅈ	'd' 발음과 유사하게 'ㅈ'로 발음/ 남부지방에서는 발음하지 않음

❸ 모음

베트남어의 이중모음은 한국어와 같이 두 개의 단모음으로 구성되거나 단모음과 반모음(활음)이 결합되어 발음된다. 즉, 이중모음은 단모음을 발음할 때와는 달리 발음과정에서 입의 모양이 바뀐다. 앞서 말했듯, 베트남어는 모든 음소를 발음하기 때문에 이 책에서 독음(讀音)을 달 때 이중모음 대부분은 단모음으로 음절을 나누어 썼다. 예를 들면, nhiều는 [녀우]가 아니라 [니에우], Huế는 [훼]가 아니라 [후에]라고 썼다. 이는 한-베 사전의 독음과도 같은 형식이다. 하지만 중급과정 이상의 학습자의 경우 숙련도가 향상되면 한 음절처럼 발음하도록 노력해야 한다.

베트남어는 기본적으로 표기 그대로 발음하지만 예외의 경우도 있다. ia, ua, ưa와 같은 이중모음이 들어간 단어는 [이아, 우아, 으아]가 아니라 [이어, 우어, 으어]로 발음한다. 예를 들면, bia, mua, trưa는 [비어, 무어, 쯔어]로 발음한다. 발음규칙상 [비아, 무아, 쯔아]로 발음해야 하지만 단어에 따라 [-어]로 불규칙적으로 발음되므로 '이중모음 불규칙'이라 한다.

베트남어에서도 한국어 받침과 유사한 끝자음 8개가 있다. 한국어의 받침은 'ㄱ, ㄴ, ㄷ, ㄹ, ㅁ, ㅂ, ㅇ' 등 7개의 자음으로 발음한다. 베트남어의 끝자음은 -c, -ch, -n, -nh, -ng, -m, -t, -p인데 -c, -ch는 한국어 받침 ㄱ과 유사하고 -n은 받침 ㄴ, -nh는 받침 ㄴ과 ㅇ, -ng는 받침 ㅇ, -m은 받침 ㅁ, -t는 받침 ㄷ, -p는 받침 ㅂ과 유사하게 발음된다. 한국어에 모두 있는 받침발음이기 때문에 발음하는 데 어려움이 없다.

모음 (Nguyên âm)				자음 (Phụ âm)		
구분	음	문자	예	음	문자	예
단모음	/aː/	a	nhà, ga, mang	/b/	b	ba, bàn, bé
	/ɔː/	o	to, con, song	/m/	m	ma, mai, mềm
	/o/	ô	cô, nôn, không	/p/	p	pin, lớp, bắp
	/ɤ/	ơ	thơ, mơ, lớn	/f/	ph	pha, phía, phần
	/ɛ/	e	e, be, em	/v/	v	và, vinh, vui
	/e/	ê	mê, tên, quên	/t/	t	ta, tên, tôi, nát
	/u/	u	tù, đúng, dùng	/tʼ/	th	thà, thêm, thăm
	/ɯ/	ư	tư, đừng, từng	/d/	đ	đi, đến, đẹp
	/i/	i/y	im, nhìn, y tá	/n/	n	nam, nằm, nên
	/ă/	ă	năm, căng, nhẳm	/z/	d/gi	da, dại, gia đình
	/ɤˇ/	â	mây, ấy, nâng	/ʐ/	r	ra, rủi, rèn
	/ɔˇ/	o	mo, tóc, mong	/ʂ/	x	xa, xinh, xong
	/ɛ/	a	anh, cách, nhanh	/ʂ/	s	sen, sửa, sếp
이중모음	/ie/	yê	yêu, thuyền	/c/	ch	cha, chanh, chở
		iê	tiền, miệng	/t/	tr	trả, tre, trông
		ya	khuya	/ŋ/	nh	nhà, nhẹ, nhìn
		ia	mía, phía, tỉa	/l/	l	làm, lớn, lên
	/uo/	uô	muốn, xuống	/k/	c/k/q	con, kể, quê
		ua	lúa, mùa	/χ/	kh	khá, khi, khang
	/ɯɤ/	ươ	mượn, vươn	/ɲ/	ng/ngh	ngày, ngang, nghe
		ưa	cửa, mưa	/ɤ/	g/gh	ga, gầy, ghi
반모음		i/y	sai, say	/h/	h	hoa, hà, hẹn
		o/u	sao, sau			

철자	예	비고
-c	các, cục, đúc, thục	한국어 받침 [ㄱ] 발음
-ch	sách, cách, ếch, xích	한국어 받침 [ㄱ] 발음
-n	ân, gan, nản, dẫn	한국어 받침 [ㄴ] 발음
-nh	bệnh, sinh, xanh, xinh	한국어 받침 [ㄴ]과 [ㅇ]이 겹쳐진 발음
-ng	đúng, hồng, móng, trong	한국어 받침 [ㅇ] 발음
-m	tôm, thám, cham, sớm	한국어 받침 [ㅁ] 발음
-t	một, đất, thịt, sốt	한국어 받침 [ㄷ] 발음
-p	đúp, hộp, lớp, thụp	한국어 받침 [ㅂ] 발음

❺ 성조　　　🎧 0-3.mp3

오스트로 아시아어족은 보통 성조가 없으나 베트남어(하노이 기준)는 6개 성조(Thanh điệu 또는 dấu)가 있다. 성조 언어인 중국어도 4개의 성조가 있고 동족 언어인 캄보디아어는 성조가 없다. 베트남어의 성조는 모음 위에 표기한다. 같은 철자와 발음이어도 성조가 다르면 뜻도 달라지므로 성조가 틀리면 베트남인과 대화하기 힘들다. 그래프의 ①, ③, ⑤성은 음역이 높은 성조이고 ②, ④, ⑥성은 음역이 낮은 성조이다.

구분	응앙 성조	후이엔 성조	응아 성조	호이 성조	싹 성조	낭 성조
원어	Thanh ngang	Thanh huyền	Thanh ngã	Thanh hỏi	Thanh sắc	Thanh nặng
표시	없음	`	~	?	´	.
예	ma①	mà②	mã③	mả④	má⑤	mạ⑥
뜻	귀신	그러나	말(馬), 바코드	무덤	볼, 어머니	볏모

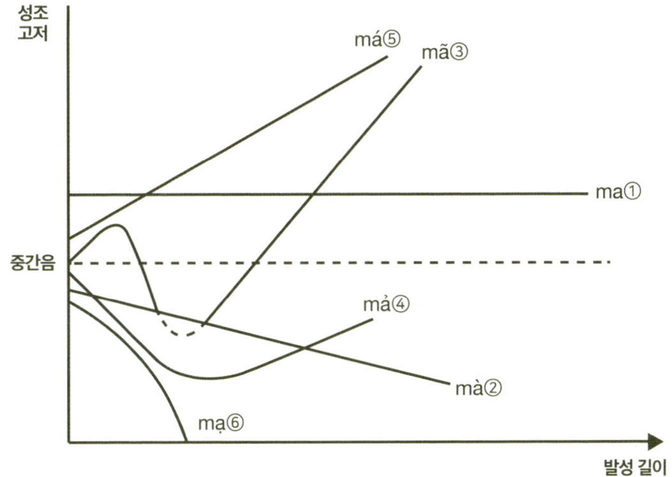

ma	중간음보다 높게 평평하게 음계 '미'나 '파' 정도 높이가 적당
mà	중간음보다 낮게 시작해서 아래로 부드럽게 내림
mã	중간음보다 조금 높게 시작해서 잠깐 멈춘 후 끝에 급격히 올림
mả	중간음보다 낮게 시작해서 아래로 내린 후 끝에 조금 올림
má	중간음보다 높게 시작해서 끝까지 올림
mạ	중간음보다 조금 낮게 시작해서 턱을 당기면서 빨리 내림

베트남은 5개의 중앙 직할시와 58개의 성을 포함 총 63개의 행정구역을 두고 있다. 5개 중앙 직할시는 하노이 시, 호찌민 시, 하이퐁 시, 다낭 시, 껀터 시이다.

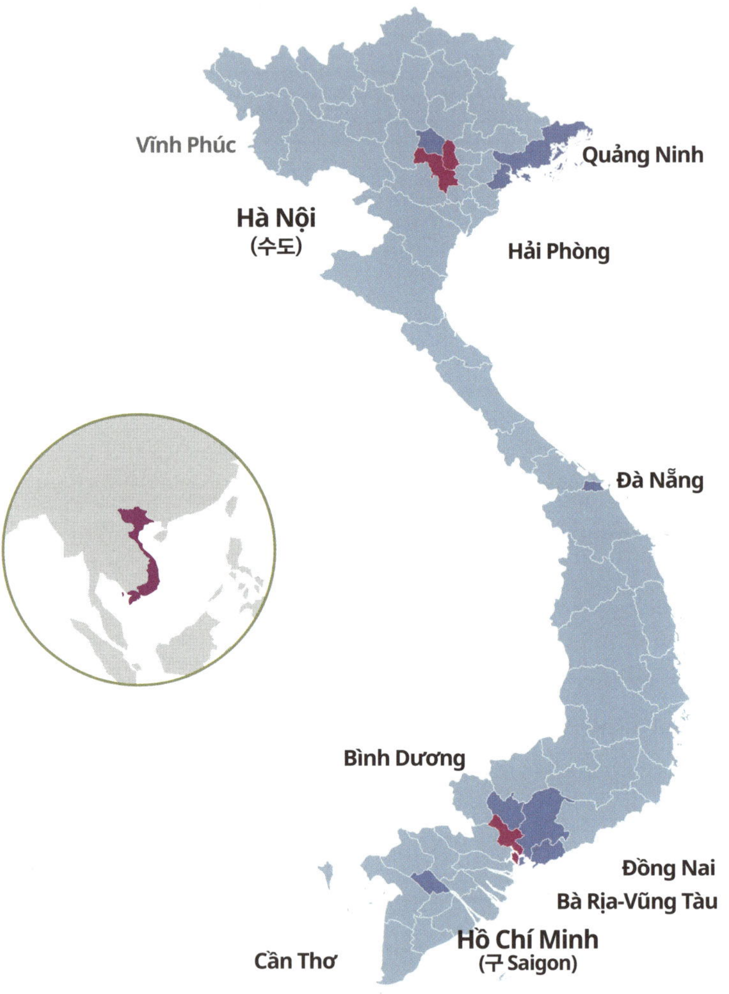

● **하노이** Hà Nội

베트남의 수도로 베트남 정부의 남북 균형발전 계획으로 하이퐁과 함께 급속히 성장하고 있다.

● **호찌민** TP. Hồ Chí Minh

베트남 최대 상업도시로 경제규모 및 교역규모가 베트남 내 최대이다.

● **하이퐁** Hải Phòng

베트남 제3의 도시로 하노이와 함께 북부지역 경제의 주축이다.

● **다낭** Đà Nẵng

베트남 제4의 도시로 최근 기존의 수산물 위주의 산업에서 탈피하여 중·경공업을 육성하고 있다.

● **껀터** Cần Thơ

베트남 최대 곡창지대인 메콩델타 중심부에 위치하며, 쌀과 수산물 생산량이 전국 생산량에 각각 90%, 80% 비중을 차지한다.

● **빈푹 성** Tỉnh Vĩnh Phúc

노이바이 국제공항과 인접하며 철도로 수도 하노이를 비롯한 각지의 도시들과 연결된다.

● **꽝닌 성** Tỉnh Quảng Ninh

아름다운 관광지가 많은 성으로 UNESCO에서 지정한 세계 문화유산 '하롱베이(Hạ Long Bay)'가 있다.

● **박닌 성** Tỉnh Bắc Ninh

하노이 성 인근 지역으로 다수 산업공단이 설립되고 있다.

● **동나이 성**
    Tỉnh Đồng Nai

호찌민 인근 지역이자, 베트남 최대 산업공단 밀집지역으로 많은 제조기업이 상주하고 있다.

● **빈증 성**
    Tỉnh Bình Dương

동나이성과 함께 다수의 산업공단이 밀집되어 있다.

● **바리아 붕따우 성**
    Tỉnh Bà Rịa-Vũng Tàu

원유 및 가스 생산 지역이자 호찌민시 인근의 해양도시로 주말 휴양지로 각광을 받고 있다.

01 화폐: 동 **đồng** / 1동=약 0.05원

천 동=약 50원
Một nghìn đồng

이천 동=약 100원
Hai nghìn đồng

오천 동=약 250원
Năm nghìn đồng

만 동=약 500원
Mười nghìn đồng

이만 동=약 1,000원
Hai mươi nghìn đồng

오만 동=약 2,500원
Năm mươi nghìn đồng

십만 동=약 5,000원
Một trăm nghìn đồng

이십만 동=약 10,000원
Hai trăm nghìn đồng

오십만 동=약 25,000원
Năm trăm nghìn đồng

02 숫자

숫자	베트남어	발음
0	không	콩
1	một	못
2	hai	하이
3	ba	바
4	bốn	본
5	năm	남
6	sáu	싸우
7	bảy	바이
8	tám	땀
9	chín	찐
10	mười	므어이

● 버스 Xe buýt

7,000동~10,000동
에어컨, 안내방송, 하차벨 구비
교통카드 대신 매표직원 탑승
구글 또는 교통 앱 활용

● 택시 Taxi

10km에 약 120,000동
4인승, 5인승, 7인승 택시
요금은 회사와 크기에 따라 상이
메모로 목적지 전달 방법 사용

● 우버 택시 Taxi Uber

휴대폰 활용 호출, 요금액 산출
운전자 인적사항 확인 가능
탑승자 수요에 따라 택시비 변화
대체로 일반택시보다 저렴

● 세옴 Xe ôm

택시비의 1/2~1/3 정도의 요금
xe는 차량, ôm은 포옹한다는 뜻
승객 1~2명 탑승 가능
Grab 세옴 유행

● 씨클로 Xích lô

목적지로 빨리 이동하기에는 무리가
있지만 풍경울 감상하며 인근을 둘러
보기에 좋은 교통 수단

● 지하철 Tàu điện ngầm

하노이는 토양에 수분이 많아서
지상철(tàu điện trên không) 위주
2008년부터 공사를 시작해서
2021에 완공을 목표

● 퍼 Phở

쌀국수는 베트남 대표 음식으로 어느 곳
에서도 맛볼 수 있다. 고기육수와 향채
등 채소가 들어있고 소고기와 닭 등 고기
를 얹는다.

● 분짜 Bún chả

퍼와 더불어 베트남의 대표음식으로
Phở 보다 조금 얇은 쌀국수에 숯불
돼지고기 얹어서 각종 채소와 함께
먹는다.

● 까오러우 Cao Lầu

과거 일본의 소바에서 유래된 호이안 고
유의 명물 음식이다. 독특한 까오러우 면
에 돼지고기, 향채, 콩나물, 숙주, 양파를
함께 섞어서 먹는 일종의 비빔국수다. 면
발은 독특할 뿐만 아니라 그 담백한 맛이
좋으며 면 위에 얹은 돼지고기의 맛이 일
품이다.

● 분보 후에 *Bún Bò Huế*

베트남 중부지역인 후에(Huế)를 대표하는
매운 쌀국수로, 지금은 베트남 전역에서 맛
볼 수 있는 대중적인 요리이다. 후에는 다른
지역에 비해 햇빛이 강하고 강수량이 적어
서 크기가 작고 매운맛을 가진 고추가 많이
생산되어 매운음식이 발달하였다.

● 껌찌엔 *Cơm chiên*

갖은 채소와 고기 또는 해산물 등
여러 재료로 요리한 볶음밥이다.
파인애플 껍질에 담겨 나오기도
하는데 보기도 좋고 맛도 좋다.

● 스언느엉 *Sườn nướng*

스언느엉은 양념 돼지갈비 구이다. 달콤한
양념과 숯불의 향기가 우리나라의 숯불돼지
갈비와 비슷하다. 먹는 방법은 주로 밥 위에
갈비구이를 얹어서 덮밥으로 먹는 것이 일
반적인데 이를 껌스언느엉이라고 한다.

● 러우제 Lẩu Dê

염소전골은 끓고 있는 전골에 갖은 채소
와 약재, 염소고기, 내장 등을 넣어 익혀
먹는 음식이다. 적당히 익은 고기와 야채
들은 건져내어 소스에 찍어 먹고, 면을
넣어 건져 먹거나 밥과 함께 먹어도 좋
다. 걸쭉해진 국물은 영양가도 높고 맛도
담백하다.

● 반쎄오 Bánh xèo

부침개 같은 반쎄오는 돼지고기, 새
우, 콩나물 등으로 속을 채워 쌀반죽
으로 부쳐 먹는다. 각종 채소와 소스
를 곁들여 먹는다.

● 퍼꾸온 Phở cuốn

소고기와 양념, 상추, 고수가 들어가
있으며 느억맘에 찍어 먹으면 맛있
다. cuốn은 말다라는 뜻이다.

● **넴** Nem

외국인이 가장 많이 먹는 음식 중 하
나로, 돼지고기 콩나물, 버섯 등을 넣
어서 튀긴다.

● **짜오톰** Chạo tôm

새우를 다져서 사탕수수의 심에 말아
구워먹는 베트남요리. 여러 가지 채소와
함께 반짱(라이스페이퍼)에 말아서 소스
에 찍어 먹는다. 사탕수수 심을 사용하
여 단맛이 새우에 배도록 하는 것이 특
징이다.

● **반미** Bánh Mì

베트남식 바게트에 고유의 식재료로
속을 채워 먹기 시작하면서 발전한
것으로 보이는 일종의 퓨전 샌드위치
이다. 베트남의 대표적인 길거리 음식
중 하나로 노점이나 가판대에서 저렴
한 가격에 판매된다.

01 요일 Thứ/Ngày trong tuần

월요일	thứ hai	트 하이
화요일	thứ ba	트 바
수요일	thứ tư	트 뜨
목요일	thứ năm	트 남
금요일	thứ sáu	트 싸우
토요일	thứ bảy	트 바이
일요일	chủ nhật	쭈 녓

02 달 Tháng

1월	tháng 1	tháng một	탕 못
2월	tháng 2	tháng hai	탕 하이
3월	tháng 3	tháng ba	탕 바
4월	tháng 4	tháng tư	탕 뜨
5월	tháng 5	tháng năm	탕 남
6월	tháng 6	tháng sáu	탕 싸우
7월	tháng 7	tháng bảy	탕 바이
8월	tháng 8	tháng tám	탕 땀
9월	tháng 9	tháng chín	탕 찐
10월	tháng 10	tháng mười	탕 므어이
11월	tháng 11	tháng mười một	탕 므어이 못
12월	tháng 12	tháng mười hai	탕 므어이 하이
음력 12월	tháng chạp		탕 짭
음력 1월	tháng giêng		탕 지엥

03 계절 Mùa

봄	mùa xuân	무어 수언
여름	mùa hè	무어 해
가을	mùa thu	무어 투
겨울	mùa đông	무어 동
건기	mùa khô	무어 코
우기	mùa mưa	무어 므어

04 공휴일

베트남의 법정 공휴일은 총 10일로 매우 적은 편이다. 그래서 공휴일이 주말과 겹치는 경우 휴일이 하루 연장된다. 즉, 공휴일이 일요일일 경우 월요일도 쉰다. 공휴일이 토요일인 경우엔 월요일을 이어 쉬는 곳과 그렇지 않은 곳으로 있는데 현재 베트남 정부 기관은 5일 근무(40시간)를 시행하지만, 일반회사는 6일 근무(48시간)를 시행하는 곳이 많다. 가장 큰 명절은 구정(설날)으로 보통 5일 연휴이나, 일부 농촌에서는 일반적으로 조금 더 쉰다. 또한 사회주의의 특성상 베트남인에게는 구정, 베트남 해방 기념일, 그리고 건승 기념일(5주년마다 기념행사)이 가장 큰 축제일이다.

명 칭	일 자
신정(1일) / **Tết Âm lịch**(-陰曆)	1월 1일
구정(7일) / **Tết Nguyên Đán**(-元旦)	음력 1월 1일
Hung Vuong 왕 추모 기념일(1일) / **Giỗ Tổ Hùng Vương**	4월 6일
베트남 해방 기념일(1일) / **Ngày Giải Phóng miền Nam**(-解放-南), **thống nhất đất nước**(統一)	4월 30일
노동절(1일) / **Ngày Quốc tế Lao động**(-國際勞動)	5월 1일
국경일(1일) / **Ngày Quốc khánh Việt Nam**(-國慶越南)	9월 2일

06 대사관 및 주요 비상 연락처

📞 **긴급전화**

경찰 113 / 화재신고 114 / 구급차 115

● **호찌민** 국가번호 84 + 지역번호 28

주 호찌민 총영사관	3822-5757, 3824-8531~4	107 Nguyen Du, Dist.1, HCMC
	3824-2593	여권·공증 등 일반민원
	3824-3311	비자 및 결혼공증
	090-895-6079	사건사고 담당
호찌민 한인회	3920-1610~1	47 Nguyen Cu Trinh, Dist.1, HCMC
중부 한인회	023-6351-9633	No 109, Block 2, Nest Home, Son Tra, Da Nang
KOTRA	3822-3944	704 Diamond Plaza, 34 Le Duan, Dist.1, HCMC
한인 상공회 연합회	3837-9154	47 Nguyen Cu Trinh, Dist.1, HCMC
중소기업진흥공단	3812-2790	F4, E-town 1, 364 Cong Hoa, Ward 13, Tan Binh Dist., HCMC
호찌민 한국국제학교	5417-9021~4	S3 Site A, Nguyen Van Linh, Dist.7, HCMC
호찌민 한국 문화원	3920-1273/ 012-5919-2040	47, Nguyen Cu Trinh, Dist.1, HCMC
호찌민 한인 성당	093-776-2233	1 Ton That Tung, Pham Ngu Lao, Dist.1, HCMC
국민은행 호찌민 지점	3827-9000	F3 Kumho Asiana Plaza Saigon, 39 Le Duan, Dist.1, HCMC
신한은행 호찌민 지점	3823-0012	F11 Centec Tower, 72-74 Nguyen Thi Minh Khai, Dist.1, HCMC
부산은행 호찌민 지점	7301-6200	F15 Kumho Asiana Plaza Saigon, 39 Le Duan, Dist.1, HCMC

● 하노이 국가번호 84 + 지역번호 24

주 베트남 대한민국 대사관	04-3831-5111~6	F28 Lotte Center Hanoi, 54 Lieu Giai St., Ba Dinh Dist., HN
	04-3831-5110~6 +84-24) 3831-5110~6	베트남에서 걸 때 한국 또는 해외에서 걸 때
	04-3771-0404	F7 Charm Vit Tower, 117 Tran Duy Hung, Cau Giay, HN
주 베트남 대한민국 영사부	090-462-5515, 090-467-0859	사건사고
	091-323-3447	여권 분실 및 여권관련
주 베트남 한국 문화원	04-3944-5980~1	49 Nguyen Du St., Hai Ba Trung Dist., Hanoi, Vietnam
하노이 한인회	04-3555-3015~6	F7 Charm Vit Tower, 117 Tran Duy Hung, Cau Giay, HN
KOTRA 하노이	04-3946-0511	F13 Charm Vit Tower, 117 Tran Duy Hung, Cau Giay, HN
KOICA 하노이	04-3831-6911	F18 Keangnam Landmark Tower, Pham Hung, Tu Liem, HN
한국산업인력공단	04-3773-7273~4	F13 Charm Vit Tower, 117 Tran Duy Hung, Cau Giay, HN
하노이 상공회의소	04-3771-3719	F9 Daeha B/ D, 360 Kim Ma, Ba Dinh, HN
하노이 한국국제학교	04-7301-5337~40	Le Duc Tho Keo Dai, Mai Dich, HN
하노이 한인교회	04-3744-0009	Resco 3d Building, Co Nhue New Urban Area, HN
하노이 한인 성당	091-354-1081	No 40 Nha Chung (Nha B3), Ho Hoan Kiem, HN
우리은행	04-3831-5289	F11 Daeha B/ D, 360 Kim Ma, Ba Dinh, HN
신한베트남은행 하노이점	04-3831-5130	F9 Daeha B/ D, 360 Kim Ma, Ba Dinh, HN
VINMEC 병원 (긴급)	04-3974-4333	F1 R2B Building, Royal City, 72A Nguyen Trai, Thanh Xuan, HN
프랑스 병원 (긴급)	04-3577-1100	1 Phung Mai, Dong Da Dist., HN

1

기본표현

인사하기
소개하기
가족
계절
취미

Cương

안녕하세요? 내 이름은 끄엉이에요.

Chào anh? Tôi tên là Cường.

짜오 아잉? 또이 뗀 라 끄엉.

실례지만, 당신의 이름은 뭐예요?

Xin lỗi, anh tên là gì?

신 로이, 아잉 뗀 라 지?

Lim

안녕하세요? 내 이름은 임현빈이에요.

Chào anh? Tôi tên là Lim Hyun bin.

짜오 아잉? 또이 뗀 라 림현빈.

Cương

만나서 반갑습니다.

Rất vui được gặp anh.

젓 부이 드억 갑 아잉.

Lim

감사합니다. 저도 만나서 반갑습니다.

Cảm ơn anh. Tôi cũng rất vui được gặp anh.

깜 언 아잉. 또이 꿍 젓 부이 드억 갑 아잉.

Cương

실례지만, 올해 몇 살이세요?

Xin lỗi, anh năm nay bao nhiêu tuổi?

신 로이, 아잉 남 나이 바오 니에우 뚜오이?

Lim

나는 올해 서른여덟 살이에요. 그럼 당신은요?

Tôi năm nay 38 tuổi. Còn anh?

또이 남 나이 바 므어이 땀 뚜오이. 꼰 아잉?

Cường	저는 올해 서른세 살이에요. 지금, 형님은 어디에 사세요? **Em năm nay 33 tuổi. Bây giờ, anh sống ở đâu?** 앰 남 나이 바 므어이 바 뚜오이. 버이 지어, 아잉 쏭 어 더우?
Lim	나는 안카잉에 살아요. 그럼 당신은요? **Tôi sống ở An Khánh. Còn em?** 또이 쏭 어 안 카잉. 꼰 앰?
Cường	저는 미딩에 살아요. **Em sống ở Mỹ Đình.** 앰 쏭 어 미 딩.
Lim	좋은 하루 보내세요. 또 봐요. **Chúc em một ngày vui vẻ nhé! Hẹn gặp lại.** 쭉 앰 못 응아이 부이 배 내! 핸 갑 라이.

---

chào 짜오 인사하다, 안녕하세요?	**cảm ơn** 感恩 깜언 감사하다
tôi 또이 나	**tuổi** 뚜오이 나이
xin lỗi 신 로이 실례합니다	**còn** 꼰 그런데, 여전히, 남다
tên 뗀 이름	**sống** 쏭 살다
gì 지 무엇	**chúc** 祝 쭉 축하하다
rất 젓 매우	**hẹn** 핸 약속하다
được gặp 드억 갑 만나게 되다	**lại** 라이 다시, 또
(được: 긍정 수동태)	

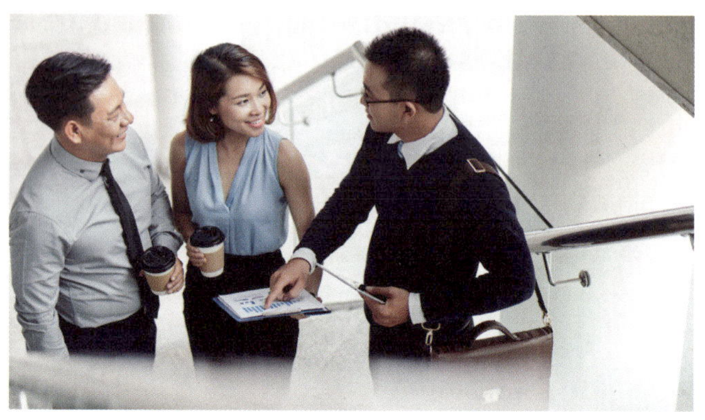

베트남으로 여행이나 출장 등을 준비하고 있다면 'Xin Chào(안녕하세요)' 'Cảm ơn(고맙습니다)' 같은 인사말 정도는 알고 떠난다. 그러나 베트남에서 Xin Chào와 Cảm ơn만 말하는 것은 주로 외국인이다. 베트남어에서는 호칭(주어)이 대화하는 두 사람의 관계와 친밀도를 나타내므로 호칭어가 빠지면 예의 없는 사람으로 생각되기 쉽다. 베트남인끼리는 인사하는 사람이 문장 앞에, 인사를 받는 사람이 뒤에 온다. 자신보다 누나, 언니인 경우 Em chào chị 또는 Chào chị라고 인사하고 형이나 오빠인 경우 Em chào anh 또는 Chào anh이라고 인사한다. 동생인 경우 남녀 상관없이 Chào Em, 어린아이인 경우 Chào cháu라고 한다. Chào는 아침, 점심, 저녁에 모두 사용할 수 있다. 호칭이 정해지면 Em chào chị/anh/cô(누나, 언니/형, 오빠/여선생님), Cháo chào ông/bà (할아버지/할머니)로 인사하면 된다.

🎧 1-2.mp3

Em chào cô ạ.	선생님, 안녕하세요? (여선생님께)
Chị có khỏe không?	누나(언니) 건강하세요?
Cám ơn em.	고마워. 나는 건강해.
Chị khỏe, còn em?	나는 건강해, 동생은 어때?
Em cũng khỏe.	저 또한 건강해요.
Tôi vẫn bình thường.	나는 여전히 보통이에요.
Tôi hơi mệt.	나는 조금 피곤해요.
Lâu lắm không gặp!	오랜만이군요!
Dạo này anh thế nào?	요새 어떠세요?
Công việc của anh thế nào?	하시는 일은 어떠세요?
Không tốt cũng không xấu.	좋지도 나쁘지도 않아요.
Cho tôi gửi lời hỏi thăm vợ anh nhé!	아내에게 안부 전해 주세요!
Tạm biệt. Hẹn gặp lại.	잘 가세요. 다음에 또 만나요.
Chúc cuối tuần vui vẻ.	즐거운 주말 보내세요.
Chúc ngủ ngon nhé.	잘 자요.
Cám ơn nhiều!	대단히 감사합니다!
Không có gì.	천만에요.
Em xin lỗi anh.	미안합니다.
Không sao đâu.	괜찮습니다.

직업	**nghề nghiệp** 응혜 응히엡
가수	**ca sĩ** 까 씨
경찰	**cảnh sát, công an** 까잉 쌋, 꽁 안
교사	**giáo viên** (敎員) 지아오 비엔
남교사	**thầy = thầy giáo** 터이 = 터이 자오
여교사	**cô = cô giáo** 꼬 = 꼬 지아오
교수	**giáo sư** 지아오 쓰
근로자 총칭	**công nhân** (工人) 꽁 년
기술자	**kỹ sư** 끼 쓰
수리공	**thợ** 터
운전기사	**tài xế** 따이 세
기자	**phóng viên** 포옹 비엔
농민	**nông dân** (農民) 농 전
대학생	**sinh viên** (生員) 씨잉 비엔
배우	**diễn viên** 지엔 비엔
비서	**thư kí** 트 끼
사장	**giám đốc** (監督) 지암 독
어민	**ngư dân** (漁民) 응으 전
예술가	**nhà nghệ thuật** (藝術) 냐 응혜 투엇
음악가	**nhạc sĩ** (樂士) 냑 씨
직원	**nhân viên** (人員) 년 비엔

• 과거부터 현재까지 이어지는 직업은 한자어(Từ Hán-Việt)가 많다. 특히 -viên(-원), nhà-(가-, 전문직종), -sư(-사), -sĩ(-사, 수), người-(인-) 등은 직업명에 자주 쓰인다.

호칭

베트남에서는 관계(서열), 나이와 친밀도에 따라 호칭이 정해지면 Chào 뒤에 호칭을 붙이고 미소를 지으며 목례한다. 한국이나 일본처럼 인사할 때 허리를 숙이지 않는다. 친한 친구 사이에는 손을 흔들면서 Chào cậu라고 인사한다. cậu는 친한 친구 사이에 쓰는 호칭이다. 성인 남자의 경우 공식적인 만남에서는 가볍게 악수하거나 두 손을 맞잡으며 반가움을 표시하기도 한다. 한국과 비슷한 인사문화는 식사시간 무렵에 만났을 때 식사를 했는지 물어보거나 건강이 어떠한지 또는 근황을 물어보기도 한다.

Em đã ăn cơm chưa? (동생) 밥 먹었어?

Chị có khỏe không? (언니 또는 누나) 건강하세요?

Anh hiện nay thế nào? (오빠 또는 형) 요즘 어떠세요?

Mạnh	이름이 뭐예요? **Tên anh là gì?** 뗀 아잉 라 지?
Lim	내 이름은 임꺽정이에요. **Tôi tên là Lim Kkeokjeong.** 또이 뗀 라 림꺽정.
Mạnh	성은 뭐예요? **Họ của anh là gì?** 호 꾸어 아잉 라 지?
Lim	임이에요. **Lim đấy.** 림 더이.
Mạnh	어느 나라 사람이에요? **Anh là người nước nào?** 아잉 라 응어이 느억 나오?
Lim	한국 사람이에요. **Tôi là người Hàn Quốc.** 또이 라 응어이 한 꾸옥.
Mạnh	무슨 일을 하세요? **Anh làm nghề gì?** 아잉 람 응해 지?

Lim	나는 삼성사(社) 직원이에요. 당신은요?

Tôi làm việc ở công ty Samsung. Còn anh?

또이 람 비엑 어 꽁 띠 쌈쑹. 꼰 아잉?

Mạnh	나는 비나사(社) 직원이에요.

Tôi là nhân viên công ty Vina.

또이 라 년 비엔 꽁 띠 비나.

Lim	실례지만, 이분은 누구세요?

Xin lỗi, đây là ai?

신 로이, 더이 라 아이?

Mạnh	제 여자 친구인 흐엉이에요.

Đây là Hương, bạn gái của tôi.

더이 라 흐엉, 반 가이 꾸어 또이.

---

họ 호 (가족) 성	**nghề** 응헤 직업
của 꾸어 ~의	**công ty** 公社 꽁띠 회사
người 응어이 사람	**đây** 더이 이 사람, 이것, 여기에
nước 느억 나라, 물	**ai** 아이 누구
Hàn Quốc 韓國 한 꾸억 한국	**bạn gái** 반 가이 여자친구
làm 람 ~을 하다	

베트남에서는 처음 만나는 사람과 만나자마자 나이, 직업, 결혼유무, 어디에 사는지 등을 물어본다. 심지어 가족이 몇 명인지 부모님, 배우자, 자녀의 직업, 나이, 연봉이 어떻게 되는지 물어보는 사람도 있다. 후자의 경우는 사람에 따라 다르고 외국인이 사적인 질문을 받는 것을 꺼려하는 것을 알고 있는 베트남인인 경우 조심스럽게 물어보거나 물어보지 않는다. 앞서 말했듯, 베트남에서는 대화를 나누는 두 사람의 관계를 알고 호칭을 정해야 하므로 당연한 일일지도 모른다. 하지만 베트남의 문화와 언어를 이해하지 못하는 외국인의 경우 당황스러울 수도 있다. 베트남인이 첫 만남부터 개인적인 질문을 하는 것을 상호 간의 대화를 매끄럽게 잘 이어가기 위한 첫 과정이라고 이해한다면 이러한 당황스러움은 다소 누그러들 것이다.

Xin giới thiệu bản thân.	제 소개를 하겠습니다.
Xin giới thiệu bạn tôi.	제 친구를 소개하겠습니다.
Đây là chồng của tôi.	이 사람은 제 남편이에요.
Người kia là ai?	저 사람은 누구예요?
Chị ấy là Linh.	그녀는 리잉이에요.
Hãy gọi là chị Hương.	흐엉이라고 부르면 돼요.
Anh ấy là đồng nghiệp của tôi.	그는 내 직장 동료예요.
Ông ấy là xếp của tôi.	그분은 내 직장 상사예요.
Chị là người nước nào?	어느 나라 사람이에요?
Tôi đến đây để làm việc.	나는 여기에 일하러 왔어요.
Chị ấy làm nghề gì?	그녀는 무슨 일을 해요?
Chị ấy là giáo viên dạy tiếng Hàn.	그녀는 한국어를 가르치는 강사예요.
Quê hương của anh ở đâu?	형 고향은 어디예요?
Quê của tôi là Busan.	내 고향은 부산이에요.
Chị sống ở đâu?	어디 살아요?
Chị đã đến Việt Nam bao giờ chưa?	베트남에 오신 적이 있어요?
Chưa, lần này là lần thứ nhất.	아니요, 이번이 처음이에요.
Anh ở đây bao lâu rồi?	여기에 얼마나 있었어요?

국가	**Quốc gia**(國家) 꾸옥 지아
민족	**dân tộc**(民族) 전 똑
언어	**ngôn ngữ**(言語) 응온 응으
독일	**Đức**(德) 득
러시아	**Nga** 응아
미국	**Mỹ**(美) 미 = **Hoa kỳ** 호아 끼
베트남	**Việt Nam**(越南) 비엣 남
북한	**Bắc Triều Tiên** 박 찌에우 띠엔
스페인	**Tây Ban Nha** 떠이 반 냐
영국	**Anh**(英) 아잉
이집트	**Ai Cập** 아이 껍
일본	**Nhật Bản**(日本) 녓 반
중국	**Trung Quốc**(中國) 쭝 꾸옥
프랑스	**Pháp**(法) 팝
호주	**Úc** 욱
대륙	**Đại lục**(大陸) 다이 룩
아시아	**châu Á** 쩌우 아
유럽	**châu Âu** 쩌우 어우
아메리카	**châu Mỹ** 쩌우 미
아프리카	**châu Phi** 쩌우 피
오스트레일리아	**châu Úc** 쩌우 욱

• 민족은 người + 국가명, 언어를 나타낼 때는 tiếng + 국가명을 보통 쓴다. 예를 들어, 베트남인은 người Việt Nam, 베트남어는 tiếng Việt이라고 한다.

높임말

베트남어는 고립어이기 때문에 한국어와 같이 어미변화가 없고 높임을 나타내는 어휘나 어순을 통해 높임말을 표현한다. 한국어는 '감사합니다.' 또는 '안녕하세요?'처럼 호칭어를 생략해도 아무런 문제가 없다. 이에 익숙한 한국인은 베트남어를 쓸 때도 호칭어를 생략하는 경우가 많다. 한국인이 흔히 하는 실수는 감사함을 표현하기 위해 베트남어로 말하면서 호칭어를 생략하는 것이다. 'Cảm ơn'이라고만 하면 고맙다는 인사말을 전하고도 듣는 이가 감정이 상할 수도 있다. 예문의 ạ는 문장 끝

에 붙어서 청자에게 존경의 뜻을 나타내는 것이다. 기껏 감사함을 표현하고도 듣는 이가 기분이 나쁠 수 있으므로 나이, 지위 상호 간의 관계를 고려해 호칭어를 사용하고 문장 끝에 ạ를 사용하는 것을 잊지 말자.

Cảm ơn em/anh/chwị.
Em cảm ơn thầy ạ.
Cháu chào ông ạ.

Mạnh

오랜만이에요! 건강하세요?

Lâu lắm không gặp anh! Anh có khỏe không?

러우 람 콩 갑 아잉! 아잉 꼬 코애 콩?

Lim

고마워요. 나는 건강해요. 나는 코끼리처럼 건강해요.

Cám ơn em. Anh rất khỏe. Anh khỏe như voi.

깜 언 앰. 아잉 젓 코애. 아잉 코애 뉴 보이.

Mạnh

형님 가족은 몇 명이에요?

Gia đình anh có mấy người?

지아 딩 아잉 꼬 머이 응어이?

Lim

나의 가족은 아내, 두 아들, 나까지 네 명이에요.

Gia đình anh có 4 người, vợ, hai con trai và anh.

지아 딩 아잉 꼬 본 응어이, 보, 하이 꼰 짜이 바 아잉.

Mạnh

형수님은 무슨 일을 해요?

Vợ anh làm nghề gì?

보 아잉 람 응헤 지?

Lim

아내는 외국인에게 한국어를 가르치는 한국어 강사예요.

Vợ anh là giáo viên tiếng Hàn cho người nước ngoài.

보 아잉 라 지아오 비엔 띠엥 한 쪼 응어이 느억 응오아이.

Mạnh

두 아들은 올해 몇 살이에요?

Hai con trai anh năm nay mấy tuổi?

하이 꼰 짜이 아잉 남 나이 머이 뚜오이?

Lim

큰 아이는 12살, 작은 아이는 10살이에요.

Con cả của anh 12 tuổi và con út của anh 10 tuổi.

꼰 까 꾸어 아잉 므어이 하이 뚜오이 바 꼰 웃 꾸어 아잉 아잉 므어이 뚜오이.

Mạnh

부모님과 같이 살아요?

Anh có sống với bố mẹ không?

아잉 꼬 쏭 버이 보 매 콩?

Lim

아니요, 따로 살아요. 한국에서 우리는 서울에, 부모님은 부산에 살았어요.

Không, anh ở riêng. Ở Hàn Quốc, gia đình anh sống ở Seoul, bố mẹ anh sống ở Busan.

콩, 아잉 어 지엥. 어 한 꾸옥, 지아 디잉 아잉 쏭 어 써울, 보 매 아잉 쏭 어 부싼.

---

mấy 머이　몇몇 (10 이하의 수)

hai 하이　둘

và 바　그리고

cho 쪼　~에게, ~위한

người nước ngoài 응어이 느억 응오아이　외국인

với 버이　~와 함께

riêng 지엥　별도로, 개인의

군대, 정부기관 등에서 공식적인 관계에서나 외국인은 주로 Tôi(나)를 쓴다. 자신보다 나이가 어린 남동생, 여동생인 경우 Em이라고 부르고, 아버지는 Bố, 어머니는 Mẹ, 할아버지는 Ông, 할머니는 Ba, 손자와 손녀의 경우 Cháu라고 부른다. 남자선생님은 Thầy, 여자선생님은 Cô, 학생은 Em이라고 부른다. 회사나 정부기관에서 중년 이상의 직위가 높은 남성은 Ông, 여성은 Bà라고 부른다. 또한 가정과 직장 이외의 밖에서는 자신의 나이와는 상관없이 상대방이 통상 20~30대 남자면 Anh, 여자면 Chị, 40~50대 남자는 Chú, 여자는 Cô로 부르기도 한다. 그리고 식당이나 상점 등 젊은 여자 직원에게는 Em이라고 한다. 상대방 호칭에 ơi를 붙여서 상대방을 부른다. 예를 들어, Em ơi, Bố ơi, Ông ơi라고 부른다. 식당에 가서 젊은 직원을 부를 때는 Em ơi라고 하면 된다.

Gia đình chị có mấy người?	가족은 몇 명이에요?
Gia đình tôi có 4 người.	내 가족은 네 명이에요.
Anh đã có gia đình chưa?	형은 가족이 있나요? (결혼했어요?)
Anh đã lấy vợ chưa?	형은 부인을 가졌나요? (결혼했어요?)
Rồi, tôi đã lập gia đình rồi.	네, 결혼했어요.
Anh đã kết hôn được bao lâu rồi?	결혼한 지는 얼마나 됐나요?
Mẹ anh năm nay bao nhiều tuổi?	어머님은 올해 연세가 어떻게 되세요?
Em có mấy anh chị em?	형제자매는 몇 명이야?
Ba ạ. Một anh trai và hai chị gái.	세 명이요. 오빠(형)와 언니(누나) 두 명이요.
Nhà em có mấy anh chị em?	너희 집 형제자매는 몇 명이야?
Nhà em có 3 chị em.	삼 남매가 있어요.
Tôi là con út trong gia đình có 1 con trai và 2 con gái.	나는 1남 2녀 중 막내예요.
Anh có mấy con rồi? Trai hay gái?	자녀가 있어요? 아들 아니면 딸?
Tôi có hai con gái.	나는 딸 두 명 있어요.
Bố mẹ anh có khỏe không?	부모님은 건강하세요?
Em là con thứ mấy trong gia đình?	너는 가족 중에서 몇 째니?
Em là con thứ ba.	저는 셋째예요.
Em không phải là con một.	저는 외동이 아니에요.
Bố mẹ anh làm gì?	부모님은 뭐 하세요?
Bố mẹ tôi đều là nhân viên.	나의 부모님은 모두 회사원이에요.

할아버지	**ông** 옹
할머니	**bà** 바
아버지	**bố/cha** 보/짜
어머니	**mẹ** 매
형, 오빠	**anh** 아잉
누나, 언니	**chị** 찌
남동생	**em trai** 앰 짜이
여동생	**em gái** 앰 가이
남편	**chồng** 쫑
아내	**vợ** 보
자식	**con** 꼰
아들	**con trai** 꼰 짜이
딸	**con gái** 꼰 가이
장남	**con cả** 꼰 까
막내	**con út** 꼰 웃
손자	**cháu trai** 짜우 짜이
손녀	**cháu gái** 짜우 가이
고모	**cô** 꼬
고모부	**chồng của cô** 쫑 꾸어 꼬
남자 사촌	**anh em họ** 아잉 앰 호
여자 사촌	**chị em họ** 찌 앰 호
조카	**cháu** 짜우
사위	**rể** 제
며느리	**dâu** 저우
큰아버지	**bác** 박
작은아버지	**chú** 쭈

여성의 지위

여성의 날 기념 여성 대표들의 행진

베트남은 오랜 유교적 전통과 영향으로 여성의 지위가 낮았다. 하지만 오늘날에는 남녀가 평등하다는 인식이 강하다. 대부분의 베트남 여성은 결혼 후에도 직업을 갖고 경제활동에 참여하며 가정경제에 큰 영향력을 행사한다. 베트남의 가장 큰 명절인 음력설(Tết Nguyên Đán)을 제외하고는 가정이나 직장에서 쉼 없이 노동할 정도로 생활력이 강하다. 이를 보상이라도 하듯 베트남에서는 세계여성의 날(3월 8일)과 베트남에서 독자적으로 정한 여성의 날(10월 20일)을 모두 기념일로 정하고 있다. 일반적으로 여성의 날에는 남성이 자신의 아내, 어머니, 연인이나 가까운 여성에게 꽃과 작은 선물을 준다. 여성의 날에는 여성이 일하지 않고 남편, 자녀들이 가사를 돌보며 감사함을 표현한다.

Cường	무슨 계절을 좋아해요?
	Anh thích mùa nào?
	아잉 티익 무어 나오?

Lim

나는 봄을 좋아해요.

Anh thích mùa xuân.

아잉 티익 무어 수언.

여름은 덥고 습해요.

Mùa hè thì nóng và ẩm.

무어 해 티 농 바 엄.

한국의 겨울은 춥고 눈이 많이 내려요.

Mùa đông lạnh, và có nhiều tuyết ở Hàn Quốc.

무어 동 라잉, 바 꼬 니에우 뚜이엣 어 한 꾸옥.

한국은 사계절이 뚜렷해요.

Ở Hàn Quốc có 4 mùa rõ rệt.

어 한 꾸옥 꼬 본 무어 조 젯.

Cường

오늘은 날씨가 어때요?

Thời tiết hôm nay thế nào?

터이 띠엣 홈 나이 테 나오?

Lim

오늘 날씨가 흐려요.

Hôm nay thời tiết âm u.

홈 나이 터이 띠엣 엄 우.

내일 날씨는 어떨까요?

Thời tiết ngày mai sẽ thế nào nhỉ?

터이 띠엣 응아이 마이 쌔 테 나오 니?

Cường

일기예보에 의하면, 내일 비가 온대요.

Theo dự báo thời tiết, ngài mai trời sẽ mưa.

태오 즈 바오 터이 띠엣 응아이 마이 쩌이 쌔 므어.

Lim

그래요? 만약 그러면 내일은 집에 있을 거예요.

Thế à? Nếu vậy thì ngày mai anh định sẽ ở nhà.

테 아? 네우 버이 티 응아이 마이 아잉 디잉 쌔 어 냐.

---

mùa 무어 계절	**nhỉ** 니 문미에서 의문, 동의를 나타냄
thích 티익 좋아하다	**sẽ** 쌔 미래 조동사
nào 나오 무슨	**mưa** 므어 비
thì 티 그러면	**theo** 태오 ~따르면, ~에 의하면
ẩm 엄 습한	**dự báo** 豫報 즈 바오 예보
nhiều 니에우 많은	**thế à?** 테 아 그래요?
tuyết 雪 뚜이엣 눈	**nếu ... thì** 네우 티 만약 ~이면 ~이다(하다)
rõ rệt 조 젯 분명한	**vậy** 버이 그러면
thời tiết 터이 띠엣 날씨	**định** 定 디잉 예정이다
hôm nay 홈 나이 오늘	**nhà** 냐 집
ngày mai 응아이 마이 내일	

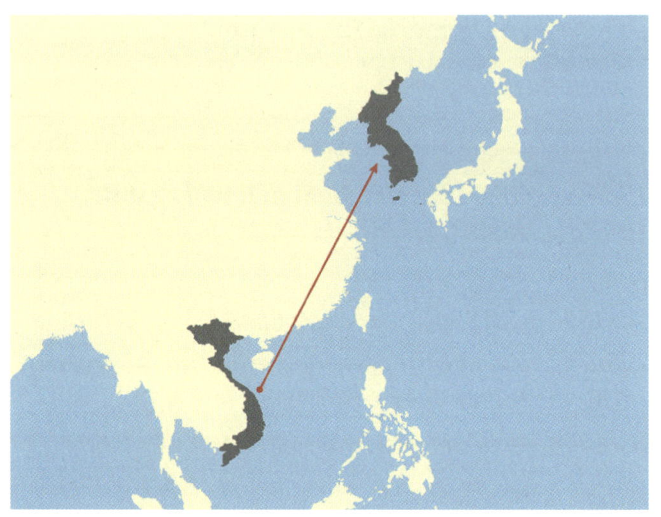

베트남과 한국의 시차는 두 시간으로 한국이 베트남보다 두 시간 빠르다. 즉 베트남이 10시일 때 한국은 12시이다. 태국, 라오스, 캄보디아 등도 베트남과 동일한 시간이다. 시차가 크지 않아서 적응하는 데 큰 어려움은 없다. 한국에서 베트남까지 비행시간은 네 시간 정도 걸린다. 만약 서울에서 오전 10시에 출발했다면 네 시간이 걸리므로 한국 시간으로는 오후 2시이고 베트남 시간으로 12시가 된다.

Seoul sớm hơn 2 tiếng so với Hà Nội.
서울이 하노이보다 두 시간 빠르다.

Hà Nội chậm hơn 2 tiếng so với Seoul.
하노이는 서울보다 두 시간 느리다.

Anh thích nhất mùa nào?	무슨 계절을 제일 좋아합니까?
Chị có thích mùa xuân không?	봄을 좋아하세요?
Trời mưa nhiều vào mùa hè.	여름에는 비가 많이 옵니다.
Dự báo thời tiết hôm nay ra sao?	오늘 일기예보는 어떤가요?
Hôm nay là một ngày đẹp trời.	오늘은 날씨 좋은 날이군요.
Trời nóng.	더워요.
Trời nắng quá!	햇볕이 너무 쨍쨍해요!
Trời lạnh quá!	너무 추워요!
Hôm nay thời tiết hơi lạnh.	오늘은 날씨가 좀 추워요.
Thời tiết xấu thật, phải không?	지독한 날씨죠?
Có lẽ trời sẽ mưa chiều nay.	오후에는 아마도 비가 올 거예요.
Trời nhiều mây. Chắc là sẽ có mưa.	구름이 많아요. 곧 비가 올 것 같아요.
Hết mưa chưa?	비가 다 내렸을까요?
Trời đã tạnh chưa?	비가 그쳤나요?
Trời vẫn còn mưa.	아직 비가 오고 있어요.
Hết mưa rồi.	비가 그쳤네요.
Nhiệt độ hôm nay thế nào?	오늘 온도는 어때요?
Nhiệt độ cao(thấp) nhất hôm nay là 25 độ.	오늘 최고(최저) 온도는 25도입니다.
Thời tiết sẽ lên đến 40 độ.	섭씨 40도가 될 거예요.

따뜻한	**ấm áp** 엄 압
더운	**nóng** 농
시원한	**mát** 맛
추운	**lạnh** 라잉
환절기	**giao mùa** 지아 무어
온도	**nhiệt độ** (熱度) 니엣 도
습도	**độ ẩm** (度飲) 도 엄
비가 오다	**trời mưa** 쩌이 므어
눈이 오다	**tuyết rơi** 뚜이엣 저이
이슬비 오다	**mưa phùn** 므어 분
구름이 끼다	**kéo/có mây** 깨오/꼬 머이
바람이 불다	**gió thổi** 지오 토이
일기예보	**dự báo thời tiết** (像報-) 즈 바오 터이 띠엣
좋은 날씨	**thời tiết tốt** 터이 띠엣 똣
궂은 날씨	**thời tiết xấu** 터이 띠엣 서우
홍수	**lũ lụt** 루룻
번개	**tia chớp** 띠어 쩝
폭풍	**gió mạnh** 지오 마잉
산사태	**lở núi** 러 누이
태풍	**bão** 바오
산불	**cháy rừng** 짜이 증
지진	**động đất** 동 덧
가뭄	**hạn hán** 한 한

계절과 날씨

하노이 호안끼엠 호수 가을 풍경

베트남은 남북으로 길게 형성되어 열대, 아열대 및 온대 기후를 갖고 있다. 일반적으로 베트남의 계절은 동절기(11월~4월)와 하절기(5월~10월)로 나뉘지만, 남부 지방에서는 두 계절의 차이가 별로 나지 않는다. 그러나 북부지역으로 갈수록 사계절의 모습이 나타난다. 하노이의 경우 한국처럼 뚜렷한 사계절은 아니지만 1년 중 봄과 가을이 짧게 지나간다. 1년 중 절반 이상은 여름이며 연중 습도가 80%일 정도로 습도가 매우 높은 도시이다. 겨울이 시작되기 전 11월은 기온이 비교적 안정적이고 여행하기 가장 좋은 시기이다. 하노이 평균 최저기온은 1월 영상 12도, 최고기온은 6월 33도이며, 호찌민의 평균 최저기온은 1월 영상 21도, 최고기온 5월 34도이다. 그러나, 여름에는 호찌민의 더위보다 하노이의 더위가 더 강렬할 때가 종종 있다.

Hương

언니 취미는 뭐예요?

Sở thích của chị là gì?

써 티익 꾸어 찌 라 지?

Cha

아, 나는 음악 듣기하고 그림 그리기를 좋아해. 그럼 넌 어때?

À, chị thích nghe âm nhạc và vẽ tranh.

Còn em thì sao?

아, 찌 티익 응해 엄 냑 바 배 짜잉. 꼰 앰 티 싸오?

Hương

저도 음악 듣기를 좋아해요. 그리고 저는 우표를 수집하는 것도 좋아해요.

Em cũng thích nghe âm nhạc.

Em còn thích cả sưu tập tem nữa.

앰 꿍 티익 응혜 엄 냑. 앰 꼰 티익 까 쓰우 떱 뗌 느어.

Cha

정말 흥미로운 걸! 나도 예전에 동전을 수집했었어.

Thật thú vị!

Chị cũng đã từng sưu tập tiền xu đấy.

텃 투 비! 찌 꿍 다 뜽 쓰우 떱 띠엔 수 더이.

Hương

정말요?

Thật sao?

텃 싸오?

Cha

그래, 나도 다른 것도 많이 수집했어.

Ừ, chị cũng sưu tập rất nhiều thứ khác nữa.

으, 찌 꿍 쓰우 떱 젓 니에우 트 칵 느어.

Hương	언니는 자유 시간에 보통 뭐해요? **Chị thường làm gì vào những lúc rảnh rỗi?** 찌 트엉 람 지 바오 늉 룩 자잉 조이?
Cha	나는 미국 영화 보는 걸 엄청 좋아해. 넌 어때? **Chị rất thích xem các bộ phim Mĩ.** **Còn em thì sao?** 찌 젓 티익 샘 깍 보 핌 미. 꼰 앰 티 싸오?
Hương	저 역시 미국 영화 보는 걸 좋아해요. **Em cũng thích các bộ phim Mĩ.** 앰 꿍 티익 깍 보 핌 미.

---

nghe 응해 듣다	**thú vị** 趣味 투 비 재미있는, 기쁜
âm nhạc 音樂 엄 냑 음악	**tiền xu** 띠엔 수 동전
vẽ 배 그리다	**ừ** 으 응 (동등, 손아랫사람에게 대답)
tranh 짜잉 그림	**thứ** 트 물건
thì sao 티 싸오 어때요?	**khác** 칵 다른
cũng 꿍 ~또한	**thường** 常 트엉 통상의, 보통의
cả 까 모든	**những** 늉 ~들 (복수)
các 깍 모든	**lúc rảnh** 룩 자잉 한가한 때
tem 땜 우표	**xem** 샘 보다
nữa 느어 더	**bộ phim** 보 핌 영화
thật 實 텃 정말, 진실로	

베트남인은 스포츠 중에서도 특히 축구를 좋아한다. 스포츠 뉴스에서는 매일 해외축구 소식을 전하고, 유명 축구선수의 경기를 빠짐없이 챙겨 본다. 여가시간이 생기면 베트남 남성은 공터나 축구경기장에서 축구를 하고 어린 남자 아이는 공터나 좁은 골목에서 작은 공만 있으면 축구를 한다. 자신이 좋아하는 것을 얘기할 때 주로 'thích'을 사용하고, 아주 좋아한다는 말을 할 때는 'mê'라는 형용사를 사용한다. 'thích'의 부정 표현은 'không'을 붙여서 'không thích'이라고 하고, 'mê'의 부정 표현은 'không'을 사용하지 않고 '아주 싫어하다' '질색하다'의 뜻을 가진 단어 'ghét'을 사용한다.

Tôi thích xem bóng đá. 나는 축구 보는 것을 좋아해.
Tôi mê bóng đá lắm đấy. 축구라면 아주 미치지.
Em không thích chơi bóng đá. 저는 축구하는 것을 싫어해요.
Em ghét tập thể dục. 운동을 정말 싫어해요.

Anh có chơi thể thao không?	운동을 하세요?
Có, anh chơi bóng đá.	네, 나는 축구를 해요.
Chị thích môn thể thao nào?	어떤 스포츠를 좋아하세요?
Chị thích bóng bàn.	나는 탁구를 좋아해요.
Sở thích của cậu là gì?	취미가 뭐야?
Tớ thích đọc sách. Còn cậu thì sao?	나는 독서를 좋아해. 넌 어때?
Tớ cũng thích đọc sách.	나도 독서를 좋아해.
Tớ còn thích âm nhạc và vẽ tranh.	나도 음악과 그림을 좋아해.
Chị làm gì vào thời gian rỗi?	여가시간에 뭐해요?
Tôi thích đi xem phim.	나는 영화 보러가는 것을 좋아해요.
Cuối tuần chị thường làm gì?	주말에 보통 뭐 하세요?
Tôi đi du lịch cùng gia đình.	나는 가족하고 여행을 가요.
Mình không thể ăn được thức ăn cay nóng.	나는 매운 음식을 먹을 수 없어요.
Bạn thích làm gì nhất?	너는 뭐 하는 걸 가장 좋아하니?
Tớ thích cắm trại nhoài trời.	나는 캠핑을 좋아해.
Tớ thích chơi thể thao.	나는 스포츠를 좋아해.
Tôi thực sự rất thích mua sắm.	나는 정말 쇼핑을 좋아해.

취미	**sở thích** (所適) 써 티익
활동	**hoạt động** (活動) 호앗 동
재미	**niềm vui** 니엠 부이
예술	**nghệ thuật** (藝術) 응헤 투엇
피아노 연주하다	**chơi piano** 쩌이 피아노
사진을 찍다	**chụp ảnh** (-影) 쭙 아잉
정원을 가꾸다	**làm vườn** 람 브언
뜨개질하다	**đan** 단
스포츠	**thể thao** (體操) 테 타오
축구를 하다	**chơi bóng đá** 쩌이 봉 다
축구를 보다	**xem bóng đá** 샘 봉 다
요리하다	**nấu ăn** 너우 안
컴퓨터게임 하다	**chơi game** 쩌이 게임
카드하다	**chơi bài** 쩌이 바이
체스하다	**chơi cờ vua** 쩌이 꺼 부어
TV를 보다	**xem ti vi** 샘 띠 비
인터넷 서핑하다	**lướt Internet** 르엇 인터넷
독서하다	**đọc sách** 독 싸익
글을 쓰다	**viết văn** 비엣 반
일기를 쓰다	**viết nhật ký** (-日記) 비엣 녓 끼
블로그를 쓰다	**viết blog** 비엣 브록
낚시하다	**câu cá** 꺼우 까
영화 보러 가다	**đi xem phim** 디 샘 핌
연극 보러 가다	**đi xem kịch** 디 샘 끼익

생활 스포츠

하노이 아파트 단지 내 테니스장

베트남의 대중 스포츠는 수영, 테니스, 축구 등이다. 하노이에서 등산을 하려면 교외로 나가야 한다. 대도시 위주로 한인 동호회가 활성화되었다. 동호회 가입을 원한다면 한인회 잡지나 블로그 등을 활용하는 것이 좋다. 그 밖에, 접근성이 용이한 수영이나 테니스의 경우 아파트 단지 내 시설을 이용하는 것이 편리하다. 그리고 수영, 테니스, 골프, 헬스 등 레슨이 필요한 경우 한국인 강사보다 베트남인 강사의 강의료가 비교적 저렴하다. 그리고 베트남인 강사는 강의에 필요한 기본적인 영어가 가능하다.

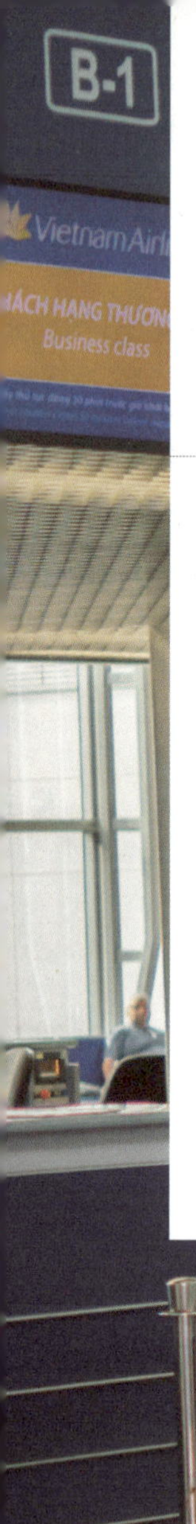

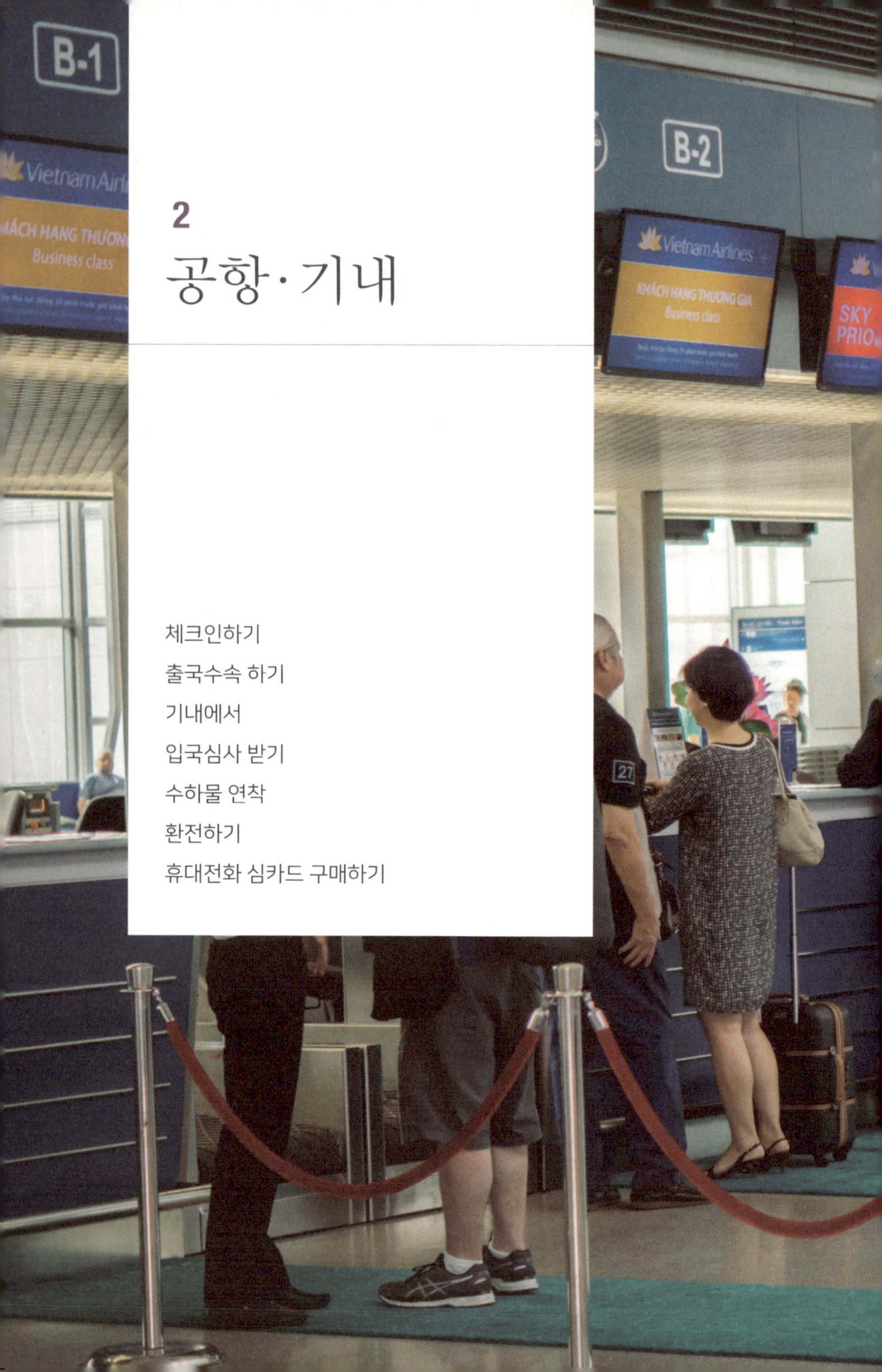

2

공항·기내

체크인하기

출국수속 하기

기내에서

입국심사 받기

수하물 연착

환전하기

휴대전화 심카드 구매하기

Vietnam Airlines
B-4
B-5
Vietnam Airlines
B-6
B-7
Vietnam A
SKY PRIORITY
Vietnam Airlines
Vietnam Airlines
BIA HANOI
Vietnam
Let's a
on t
Check-in co
50
before depa
Boarding g
15
before dep

Lim

안녕하세요, 내 예약번호는 123456이에요.

Chào chị, mã đặt chỗ của tôi là: 123456.

짜오 찌, 마 닷 쪼 꾸어 또이 라: 못 하이 바 본 남 싸우.

Nhân viên

증명서 좀 보여주시겠습니까?

Anh làm ơn cho tôi xem chứng minh thư?

아잉 람 언 쪼 또이 샘 쯩 미잉 트?

Lim

여기 내 증명서예요.

Chứng minh thư của tôi đây.

쯩 미잉 트 꾸어 또이 더이.

Nhân viên

잠시만 기다려 주세요, 성함이 임꺽정, VJ304편…

Anh làm ơn đợi một chút. Tên anh là Lim Kkeokjeong, chuyến bay VJ304…

아잉 람 언 도이 못 쭛. 뗀 아잉 라 림꺽정, 쭈이엔 바이 비지 바 콩 본…

Lim

맞아요.

Đúng rồi.

둥 조이.

Nhân viên

손가방 짐 말고, 다른 짐을 가져 오셨어요?

Ngoài hành lý xách tay, anh còn mang hành lý khác không ạ?

응오아이 하잉 리 사익 따이, 아잉 꼰 망 하잉 리 칵 콩 아?

Lim

아니요, 나는 이 손가방만 있어요.

Không, tôi chỉ có túi xách này thôi chị ạ.

콩, 또이 찌 꼬 뚜이 사익 나이 토이 찌 아.

Nhân viên

가방을 저울에 올려 주세요.

Anh làm ơn cho túi lên cân.

아잉 람 언 쪼 뚜이 렌 껀.

여기, 손님 탑승권이에요.

Đây, thẻ lên máy bay của anh đây.

더이, 태 렌 마이 바이 꾸어 아잉 더이.

약 50분 후에 비행기가 이륙하니 4A 탑승구로 들어가세요.

Mời anh qua cổng 4A, khoảng 50 phút nữa máy bay sẽ cất cánh.

머이 아잉 꾸아 꽁 본 아, 코앙 남 므어이 풋 느어 마이 바이 쌔 껏 까잉.

---

tại 따이 ~에서 (특정한 장소)	**chứng minh thư** 證明書 쯩 밍 트 증명서
quầy 꾸어이 진열케이스, 가판대	**chuyến bay** 쭈이엔 바이 비행기 편
thủ tục 手續 투 뚝 수속절차	**ngoài** 응오아이 이외에
chuẩn bị 準備 쭈언 비 준비하다	**lên cân** 렌 껀 저울에 올리다
bay 바이 날다	**thẻ** 태 카드
mã 마아 바코드, 번호	**cổng** 꽁 문, 입구
đặt 닷 예약하다, 두다	**cất cánh** 껏 까잉 이륙하다
chỗ 쪼 자리, 좌석	

호찌민 떤썬녓 국제공항

베트남의 국제공항은 하노이에 노이바이(Nội Bài), 호찌민에 떤썬녓(Tân Sơn Nhất), 다낭에 다낭(Đà Nẵng) 공항이 있다. 하이퐁에 깟비(Cát Bi) 공항은 제한적으로 국제공항 기능을 수행한다. 하노이 노이바이 공항은 승객 수송가능 인원이 연간 1,900만 명, 호찌민 떤선녓 공항은 연간 2,500만 명, 다낭 공항은 연간 600만 명이다.

하노이-노이바이 국제공항 **Sân Bay Quốc Tế Nội Bài**

호찌민-떤썬녓 국제공항 **Sân Bay Quốc Tế Tân Sơn Nhất**

다낭-다낭 국제공항 **Sân Bay Quốc Tế Đà Nẵng**

하이퐁-깟비 국제공항 **Sân Bay Quốc Tế Cát Bi**

한국에서 베트남으로 가는 국내 항공사는 대한항공, 아시아나항공, 제주항공, 진에어, 에어부산, 이스타, 티웨이 등이 있고 베트남 항공사에는 베트남항공, 비엣젯항공이 있다.

Chị kiểm tra giúp tôi vé Hà Nội-Sài Gòn chuyến bay ngày 5 tháng 8 của Việt Nam Airline ạ.	8월 5일 베트남 에어라인의 하노이-사이공 편 표를 확인해 주세요.
Vé hạng phổ thông hết rồi hả, chị?	이코노믹 좌석은 매진인가요?
Thế, Vietjet có chuyến bay tối lúc mấy giờ?	그러면, 비엣젯은 몇 시 비행기 편이 있나요?
Chị cho tôi mua 1 vé.	표 한 장 살게요.
Chứng minh của tôi đây.	증명서 여기 있어요.
Anh làm ơn cho xem hộ chiếu và visa.	여권하고 비자를 보여 주세요.
Anh làm ơn cho xem vé máy bay.	탑승권을 보여 주세요.
Hành lý này đã vượt quá giới hạn về cân nặng.	이 짐은 중량제한을 초과합니다.
Hành lý mang lên máy bay mấy kiện hả chị?	기내에 반입할 수 있는 수하물은 몇 개예요?
Hành lý mang lên máy bay chỉ được tối đa 2 kiện.	기내에 반입할 수 있는 수하물은 2개까지예요.
Nếu có hành lý gửi sẽ phải trả thêm tiền phải không?	만약에 부칠 짐이 있으면 돈을 더 내야 하나요?
Khối lượng hành lý có thể mang được miễn phí là bao nhiêu cân?	무료로 부칠 수 있는 수하물 무게가 몇 킬로그램이에요?

항공사	**hãng hàng không**(-航空) 항 항 콩
공항	**sân bay** 썬 바이
국제선	**tuyến bay quốc tế**(線-國際) 뚜이엔 바이 꾸옥 떼
국내선	**tuyến bay nội địa**(線-內地) 뚜이엔 바이 노이 디어
대합실	**phòng chờ**(房-) 퐁 쩌
출국	**xuất cảnh**(出境) 수엇 까잉
출발	**xuất phát**(出發) 수엇 팟
왕복표	**vé khứ hồi**(-去回) 배 크 호이
편도표	**vé một chiều** 배 못 찌에우
탑승 수속	**thủ tục lên máy bay**(手續-) 투 뚝 렌 마이 바이
탑승 수속 카운터	**quầy làm thủ tục**(-手續) 꾸어이 람 투 뚝
탑승 시간	**giờ lên máy bay** 지어 렌 마이 바이
탑승객	**hành khách**(行客) 하잉 카익
비행시간	**thời gian bay**(時間-) 터이 지안 바이
여권	**hộ chiếu**(護照) 호 찌에우
비자	**visa** 비자
착륙	**hạ cánh**(下翼) 하 까잉
수하물	**hành lý**(行李) 하잉 리
수하물표	**phiếu gửi hành lý**(-行李) 피에우 그이 하잉 리
면세품	**hàng miễn thuế**(行免稅) 항 미엔 투에
면세구역	**Khu vực bán hàng miễn thuế**(區域-) 쿠 븍 반 항 미엔 투에
과세품	**hàng chịu thuế** 항 찌우 투에
도착	**đến/tới** 덴/떠이
연착	**đến muộn** 덴 무온
도착 로비	**tới nơi** 떠이 너이
관광안내소	**quầy hướng dẫn du lịch**(-遊歷) 꾸어이 흐엉 전 주 리익

하노이의 역사

하노이(Hà Nội)는 베트남의 정치, 경제, 사회, 문화의 중심지이다. Hà(河)는 강, Nội(內)는 '안'이라는 뜻으로 '강 안의 땅'이라는 뜻이다. 하노이에는 홍 강 이외에 많은 강과 호수가 있다. 하노이는 1010년에는 탕롱(Thăng Long)이라는 이름이었다가 1831년부터 하노이로 불렸다. 1945년 제2차 세계대전에서 일본이 패하고 베트남이 승리하였으나, 프랑스와의 전쟁이 계속되었고 제네바 협정을 맺으며 남과 북이 분단되었다. 분단 뒤 1960년부터 남베트남과 북베트남의 전쟁이 일어났다. 당시 한국군도 파병해 전쟁에 참여했다. 이 전쟁은 미군이 철수를 선언하고 북베트남의 대규모 공습으로 남베트남이 항복하며 끝났다. 결국, 1976년 7월 2일 베트남은 하나의 국가로 통일되었다. 역사적으로 베트남은 중국, 프랑스, 미국 등 주요 강대국과의 오랜 전쟁에도 불구하고 자주독립을 지켰다. '자유와 독립만큼 귀한 것은 없다(Không có gì quý hơn độc lập tự do)'라고 말한 독립 운동가이자 국가 주석이었던 호찌민의 지휘 아래 독립과 자주외교 노선을 지속하고 있다. 1976년 이후 공식적으로 하노이를 수도로 정한 뒤 하노이는 현재까지 행정중심지의 역할을 하고 있다.

Nhân viên

핸드백을 컨베이어에 놓아 주세요.

Mời chị đưa túi xách tay lên băng chuyền.

머이 찌 드어 뚜이 사익 따이 렌 방 쭈이엔.

핸드백에는 뭐가 들었나요?

Có gì trong túi xách thế ạ?

꼬 지 쫑 뚜이 사익 테 아?

Cha

노트북하고 개인 소지품이 들어있어요.

Có máy tính xách tay và đồ dùng cá nhân.

꼬 마이 띠잉 사익 따이 바 도 중 까 년.

노트북을 가방에서 꺼내야만 하나요?

Có cần lấy máy tính xách tay ra khỏi túi không?

꼬 껀 러이 마이 띠잉 사익 따이 자 코이 뚜이 콩?

Nhân viên

네, 전자제품은 다른 바구니에 담아 주세요.

Có, đồ điện tử thì xin chị hãy để vào giỏ khác.

꼬, 도 디엔 뜨 신 찌 하이 데 바오 지오 칵.

Cha

아, 알겠습니다.

À, tôi biết rồi.

아, 또이 비엣 조이.

Nhân viên

한 걸음 뒤로 물러서 주세요. 바지 주머니에 다른 것이 있나요?

Chị hãy lùi một bước nhé.

Có gì trong túi quần thế ạ?

찌 하이 루이 못 브억 내. 꼬 지 쫑 뚜이 꾸언 테 아?

Cha	아니요, 모두 바구니에 넣었어요.

Không, tôi đã để vào giỏ rồi ạ.

콩, 또이 다 데 바오 지오 조이 아.

Nhân viên	알겠습니다. 지나가셔도 돼요.

OK. Mời đi qua cửa ạ.

오케이. 머이 디 꾸아 끄어 아.

---

mời 머이　청하다, 초청하다
đưa 드어　건네주다
băng chuyền 방 쭈이엔　컨베이어 벨트
máy tính xách 마이 띠잉 사익　휴대용 컴퓨터
túi xách tay 뚜이 사익 따이　핸드백
trong 쫑　~안에

đồ dùng cá nhân 도 중 까 년　개인 소지품
lấy 러이　잡다, 취하다, 받다
ra khỏi 자 코이　~로부터 나가다
đồ điện tử 도 디엔 뜨　전자제품
giỏ 지오　바구니
lùi 루이　물러서다

하노이 노이바이 국제공항(Sân Bay Quốc Tế Nội Bài)은 시내 중심지에서 45km 정도 떨어졌으며 택시로 40분가량 걸린다. 시내 중심지까지 가는 버스도 있으니 알뜰 여행을 원한다면 이용해 볼 만하다. 호찌민 떤썬녓 국제공항(Sân Bay Quốc Tế Tân Sơn Nhất)은 베트남에서 가장 큰 공항으로 면적, 승객 수용능력, 이용승객 수 등이 가장 많다. 시내 중심지까지 택시로 15분가량, 버스로는 약 25분가량 걸린다. 하노이와 호찌민의 국제공항에서 택시를 이용할 때는 바가지 요금을 피하기 위해서는 택시그룹(Taxi group), 마린(Mai Linh), 오픈(Open) 택시를 이용하는 것이 좋고 베트남어가 가능하다면 가격을 미리 흥정하는 것도 좋은 방법이다. 다낭 국제공항(Sân Bay Quốc Tế Đà Nẵng)에서 시내 중심까지 2km 정도 떨어졌으며 택시로 15~20분가량 걸린다.

Mời anh đưa các vật dụng cầm tay lên đây.	휴대품은 모두 여기에 올려 주세요.
Hãy mở cái túi này ra.	가방을 열어 주세요.
Cái này là cái gì?	이건 뭐예요?
Cái này là quà cho gia đình.	이건 가족 선물이에요.
Đồ vật tôi chỉ có thế thôi.	이게 내가 가진 전부예요.
Xin chị hãy cởi giày.	신발을 벗어 주세요.
Xin anh hãy cởi áo choàng.	윗도리를 벗어 주세요.
Anh hãy cởi bỏ mũ.	모자를 벗어 주세요.
Xin anh hãy nâng cánh tay.	팔을 들어 주세요.
Xin mời đi lối này.	이쪽으로 오세요.
Chị vui lòng đợi một chút ạ.	잠깐 기다려 주세요.
Món đồ này bị cấm đưa vào máy bay.	이 물건은 기내반입 금지입니다.
Không thể mang những thứ như dao, kéo lên máy bay.	칼, 가위 등은 기내 반입이 안 됩니다.
Có thứ gì cần khai báo không?	신고할 것들이 있나요?
Tôi không có gì phải khai báo.	신고해야 할 것은 없어요
Anh có tờ khai báo thuế quan không?	세관신고서 있어요?

Mời anh đưa các vật dụng cầm tay lên đây.

휴대품은 모두 여기에 올려 주세요.

출국심사	**thủ tục xuất cảnh**(手續出境) 투 뚝 수엇 까잉
검사	**kiểm tra**(檢查) 끼엠 짜
반입금지품	**hàng cấm mang** 항 껌 망
액체	**chất lỏng** 쩟 롱
라이터	**bật lửa** 벗 르어
가위	**cái kéo** 까이 깨오
칼	**con dao** 꼰 자오
흉기	**vũ khí**(武器) **giết người** 부 키 지엣 응어이
보안 검색	**kiểm tra an toàn**(檢查安全) 끼엠 짜 안 또안
몸수색	**khám người** 캄 응어이
분실물	**hàng thất lạc** 항 텃 락
액세서리	**đồ trang sức** 도 짱 쓱
지갑	**ví** 비
배낭	**ba lô** 바 로
바지 주머니	**túi quần** 뚜이 꾸언
시계	**đồng hồ đeo tay** 동 호 대오 따이
허리띠	**thắt lưng** 탓 릉
목걸이	**vòng cổ** 봉 꼬
반지	**nhẫn đeo tay** 년 대오 따이
휴대전화	**điện thoại di động**(電話移動) 디엔 토아이 지 동
볼펜	**cái bút bi** 까이 붓 비
엑스레이	**X-quang** 엑스-꾸앙

입국 비자

입국 예정일로부터 3개월 이상 유효한 여권을 소지한 경우 단기로 가는 여행일정의 경우 15일간 무비자로 여행이 가능하다. 단, 귀국 항공권 또는 제3국행 항공권을 꼭 지참해야 한다. 베트남을 15일 이상 여행하고 싶다면 1회에 한해 무비자 체류기간을 최대 15일까지 연장할 수 있다. 체류기간 만료 최소 3일 전(최초 베트남 입국일 기준 12일 이내) 각 지방 출입국 관리사무소 또는 하노이/호찌민 출입국 관리국에 구비서류(여행사의 신원 보증서 및 여행일정표, 체류기간 만료 시점 이전에 출국하는 일정의 귀국 항공권 사본)를 갖추고 신청하면 된다. 라오스, 캄보디아 등을 경유해 베트남을 다시 방문할 수 있지만, 한국 귀국 후에는 30일 이내 무비자 재입국이 불가능하다. 즉, 15일 이상 체류가 필요한 사람은 비자를 별도로 발급받아야 한다.

베트남 비자

Tiếp viên hàng không	기내식으로 닭고기와 소고기가 있습니다. 어떤 것을 원하세요?

Bữa ăn trên máy bay có thịt gà và thịt bò. Anh muốn ăn gì ạ?

브어 안 쩬 마이 바이 꼬 팃 가 바 팃 보. 아잉 무온 안 지 아?

Lim	나는 소고기를 먹고 싶어요.

Tôi muốn ăn thịt bò.

또이 무온 안 팃 보.

Tiếp viên hàng không	네, 여기 있습니다. 음료수는 어떤 것을 원하세요?

Vâng, đây ạ. Anh muốn uống gì ạ?

벙, 더이 아. 아잉 무온 우옹 지 아?

콜라, 사이다, 그리고 오렌지주스가 있습니다.

Chúng tôi có cô-ca, soda và nước cam.

쭝 또이 꼬 꼬-까, 쏘다 바 느억 깜.

추가로 맥주와 와인도 있습니다.

Ngoài ra còn có bia và rượu vang.

응오아이 자 꼰 꼬 비어 바 지우 방.

Lim	오렌지주스 한 잔 주세요.

Cho tôi một ly nước cam.

쪼 또이 못 리 느억 깜.

Tiếp viên hàng không	여기 있습니다. 맛있게 드십시오.

Của anh đây ạ. Chúc anh ăn ngon miệng.

꾸어 아잉 더이 아. 쭉 아잉 안 응온 미엥.

Lim	감사합니다. 아마도 이어폰이 고장난 거 같은데 바꾸고 싶어요. **Xin cảm ơn. Tôi muốn đổi cái tai nghe này vì có lẽ cái này bị hỏng rồi.** 신 깜 언. 또이 무온 도이 까이 따이 응해 나이 비 꼬 래 까이 나이 비 홍 조이.
Tiếp viên hàng không	알겠습니다. 조금만 기다려 주세요. **Em biết rồi ạ. Làm ơn chờ một lát ạ.** 앰 비엣 조이 아. 람 언 쪼 못 랏 아.
Lim	네. 아, 좀 추운데 얇은 담요 좀 주세요. **OK. À, tôi thấy ở đây hơi lạnh cho nên cho tôi một chăn mỏng nhé.** 오케이. 아, 또이 터이 어 더이 허이 라잉 쪼 넨 쪼 또이 못 짠 몽 내.

---

máy bay 마이 바이   비행기

Tiếp viên hàng không 띠엡 비엔 항 콩   스튜어디스

bữa ăn 브어 안   식사

ngoài ra 응오아이 자   게다가, 추가로

ly 리   잔

ngon 응온   맛있는

miệng 미엥   입

đổi 도이   바꾸다

cái tai nghe 까이 따이 응해   이어폰

có lẽ 꼬 래   아마도

bị 비   당하다 (부정 수동태)

hỏng 비 홍   고장난

lát 랏   조각, 잠시

thấy 터이   보다, 보이다

cho nên 쪼 넨   그러므로

chăn 짠   이불

mỏng 몽   얇은

베트남 세관신고서

여권이 찢어지거나 사진이 떨어지는 등 여권이 훼손된 경우 입국을 엄격히 금지한다. 면세 범위는 주류 22도 이상 1.5L, 22도 이하 2L, 맥주 등 알코올 음료 3L, 담배 및 궐련 400개비, 차 5kg, 커피 3kg까지이다. 미화는 5,000 달러 이상 소지한 경우 반드시 세관에 신고해야 한다. 베트남 동화는 1천5백만 동 이상, 금은 300g 이상을 소지했을 경우 금액 또는 중량을 기재해야 한다. 세관신고서에 '베트남 내 주소(Address in Vietnam)'를 기재하는 난이 있는데 출장자나 여행자의 경우 투숙하는 호텔 이름을 적으면 된다.

Chỗ của tôi ở đâu?	내 좌석은 어디예요?
Xin vui lòng thắt dây an toàn.	안전벨트를 매 주세요.
Chị có thể đổi chỗ cho tôi được không?	자리를 바꿔도 되나요?
Không được anh ạ.	안 돼요.
Tôi dường như là bị nôn.	토할 것 같아요.
Có thuốc chống say máy bay không?	비행기 멀미약 있어요?
Khi nào thì dùng bữa ăn trên máy bay.	기내식은 언제 나와요?
Có bán đồ miễn thuế không?	기내에서 면세품을 팔아요?
Nhà vệ sinh ở đâu?	화장실이 어디예요?
Cho tôi một cốc cà phê đen.	블랙커피 한 잔 주세요.
Cho tôi một cái gối nhé.	베개 하나 주세요.
Tôi ngả ghế ra sau có được không?	좌석을 뒤로 눕혀도 될까요?
Hãy điều chỉnh dựng ghế ngồi lên phía trước.	좌석을 앞으로 세워 주세요.
Hãy điều chỉnh ghế về vị trí ban đầu.	좌석을 원위치로 해 주세요.
Máy bay bị rung lắc vì vậy xin hãy cài dây an toàn.	비행기가 흔들리니 안전벨트를 매 주세요.

기내	**trong máy bay** 쫑 마이 바이
기내식	**đồ ăn trong máy bay** 도 안 쫑 마이 바이
기내 소지품	**hành lý trong máy bay** 하잉 리 쫑 마이 바이
비상탈출구	**cửa thoát hiểm** 끄어 토앗 히엠
탈출	**thoát**(脫) 토앗
좌석번호	**số ghế**(數-) 쏘 게
앞좌석	**chỗ phía trước** 쪼 피어 쯔억
뒷좌석	**ghế phía sau** 게 피어 싸우
창가 좌석	**ghế ngồi cạnh cửa sổ** 게 응오이 까잉 끄어 쏘
통로좌석	**ghế cạnh lối đi** 게 까잉 로이 디
좌석 안전벨트	**đai an toàn ở ghế ngồi** 다이 안 또안 어 게 응오이
구명조끼	**áo phao cứu hộ** 아오 파오 끄우 호
산소마스크	**mặt nạ ôxy** 맛 나 옥시
비상 착륙	**hạ cánh khẩn cấp** 하 까잉 컨 껍
화장실	**nhà vệ sinh**(-衛生) 냐 베 씨잉
멀미약	**thuốc chống say** 투옥 쫑 싸이
비행기 멀미	**say máy bay** 싸이 마이 바이
기내반입 휴대품	**đồ cầm tay vào máy bay** 도 껌 따이 바오 마이 바이
금연	**cấm hút thuốc**(禁-) 껌 훗 투옥
조명 버튼	**công tắc đèn** 꽁 딱 댄
통로	**lối đi** 로이 디
현지 시각	**giờ địa phương**(-地方) 지어 디어 프엉
비행 속도	**tốc độ bay**(速度-) 똑 도 바이
비행 거리	**chiều dài bay** 찌에우 자이 바이
비행 고도	**độ cao bay**(度高-) 도 까오 바이
세관신고서	**tờ khai báo hải quan**(-開報海關) 떠 카이 바오 하이 꾸언

조국 독립의 아버지, 호찌민

호찌민 중앙 우체국 안의 호찌민 초상화

호찌민은 베트남의 혁명가·정치가, 구(舊)베트남민주공화국 초대 대통령이다. 베르사유회의에 출석하여 '베트남 인민의 8항목의 요구'를 제출하여 유명해졌다. 평생을 조국 독립과 해방을 위해 산 그는 1969년 세상을 떠났지만 1975년 베트남이 하나로 통일되면서 그를 기리기 위해 '사이공'이라는 이름을 '호찌민 시'(Thành phố Hồ Chí Minh, 城鋪-)로 이름을 바꾸었다. 베트남 정부기관이나 일부 가정, 상점 벽에는 호찌민의 초상화를 걸고 마치 조상처럼 예를 갖추어 절도 한다. 호찌민은 유언으로 시신을 화장하고 어떤 우상화 작업도 하지 말라고 했지만 여느 사회주의 국가 지도자처럼 방부 처리되어 유리관 속에 안치되었다. 호찌민 묘소에는 베트남 전국 각지에서 온 참배객과 외국인 관광객으로 항상 북적인다. 베트남인에게 호찌민은 존경을 넘어선 남다른 의미이다. 오랜 기간 강대국 사이에서 치열하게 싸워 독립을 쟁취하고 조국을 지켜낸 베트남인의 자부심이자 긍지이다.

Nhân viên | 여권 좀 확인할 수 있을까요?

Anh làm ơn cho xem hộ chiếu?

아잉 람 언 쪼 샘 호 찌에우?

Lim | 네, 여기 있습니다.

Vâng, đây ạ.

벙, 더이 아.

Nhân viên | 어디서 왔습니까?

Anh từ đâu đến?

아잉 뜨 더우 뗀?

Lim | 한국에서 왔습니다.

Tôi đến từ Hàn Quốc.

또이 뗀 뜨 한 꾸옥.

Nhân viên | 베트남에서 얼마나 머무시나요?

Anh dự định ở lại Việt Nam trong bao lâu ạ?

아잉 즈 디잉 어 라이 비엣 남 쫑 바오 러우 아?

Lim | 한 달 정도 머물 거예요.

Tôi sẽ ở lại trong khoảng một tháng.

또이 쌔 어 라이 쫑 코앙 못 탕.

Nhân viên | 입국 목적이 무엇입니까?

Mục đích nhập cảnh của anh là gì?

묵 디익 녑 까잉 꾸어 아잉 라 지?

Lim	여행객입니다. 베트남에 여행하러 왔어요. **Tôi là khách du lịch.** **Tôi sang Việt Nam để du lịch.** 또이 라 카익 주 리익. 또이 쌍 비엣 남 데 주 리익.
Nhân viên	네, 감사합니다. **Vâng, cám ơn anh.** 벙, 깜 언 아잉. 즐거운 여행 되세요! **Chúc anh một chuyến đi vui vẻ!** 쭉 아잉 못 쭈이엔 디 부이 배!

---

từ 뜨 ~에서, ~부터

dự định 豫定 즈 디잉 ~할 예정이다

ở lại 어 라이 ~에 머무르다

bao lâu 바오 러우 얼마나

mục đích 目的 묵 디익 목적

nhập cảnh 入景 녑 까잉 입국하다

khách 客 카익 객, 손님

du lịch 遊歷 주 리익 여행

베트남 비자는 관광 목적은 3개월, 교육 목적은 1년, 취업 목적은 2년이다. 베트남 입국비자를 발급받기 위해서는 우선 베트남 내 파트너나 여행사가 베트남 외무부 산하의 이민국에서 초청장을 발급받아야 한다. 그리고 이 초청장을 첨부해 주한 베트남 대사관에 비치된 비자신청서 양식을 작성해 대사관에 제출하면 된다.

- 주한 베트남 대사관: 서울시 종로구 삼청동 28-58/02-734-7948
- 무사증(no-visa)으로 입국한 경우 비자 변경 및 연장 불가
- 무사증 입국자라도 출국 후 다른사증을 발급시 30일 이내 입국 가능
- 관광비자(DL, 3개월 유효)를 소지하고 입국한 후 연장 및 변경 불가
- 근로 목적 외국인은 취업사증(LD)을 발급받아야 하며 사증 신청 시
  노동허가(work permit)를 소지해야 함
- 하노이 시 출입국 관리 사무소: 89 Tran Hung Dao St, Hanoi/(84-4)3824-4074
- 호찌민 시 출입국 관리 사무소: 161 Nguyen Du St, D.1, HCM/(84-8)3829-9398

Anh đến đây để làm gì?	여기에 뭐 하러 왔어요?
Đến Việt Nam với việc gì?	베트남에는 무슨 일로 왔어요?
Tôi đến đây để du lịch.	나는 여기에 여행하러 왔어요.
Tôi đến đây để du học.	나는 여기에 공부하러 왔어요.
Đến để kinh doanh.	사업차 왔어요.
Đến để làm việc.	일하러 왔어요.
Đến để công tác.	출장으로 왔어요.
Anh sẽ ở lại trong bao lâu?	얼마나 머무실 거예요?
Khoảng 1 tuần.	일주일 정도요.
Muốn thông qua bàn kiểm soát nhập cảnh thì phải có hộ chiếu.	입국심사대를 통과하기 위해서는 여권을 가지고 있어야 해요.
Có thứ gì cần khai báo không?	신고해야 할 것이 있나요?
Tôi là khách du lịch, tôi đến đây để tham quan.	나는 여행객이에요, 여행하러 여기에 왔어요
Tôi có thể xem hộ chiếu của ngài được không?	선생님 여권 좀 볼 수 있을까요?
Mục đích chuyến đi của anh là gì?	여행 목적은 무엇이에요?
Làm ơn đọc rõ họ tên, tuổi và quốc tịch.	성함, 나이, 국적을 명확히 말해 주세요.

일반여권	**hộ chiếu thường** 호 찌에우 트엉
공무여권	**hộ chiếu công vụ** 호 찌에우 꽁 부
외교여권	**hộ chiếu ngoại giao** 호 찌에우 응오아이 지아오
입국	**sự nhập cảnh** 쓰 녑 까잉
입국신고서	**đơn khai báo nhập cảnh** 던 카이 바오 녑 까잉
입국심사	**thẩm tra nhập cảnh** 텀 짜 녑 까잉
생년월일	**ngày tháng năm sinh** 응아이 탕 남 씨잉
결혼	**kết hôn**(結婚) 껫 혼
통과	**thông qua**(通過) 통 꾸아
입국 허가	**cho phép nhập cảnh** 쪼 팹 녑 까잉
무비자 입국	**nhập cảnh không cần visa** 녑 까잉 콩 껀 비자
출입국 관리	**quản lí xuất nhập cảnh** 꾸안 리 수엇 녑 까잉
입국심사대	**nhập cảnh bàn kiểm soát** 녑 까잉 반 끼엠 쏘앗
내국인	**người trong nước** 응어이 쫑 느억
입국승인	**thừa nhận nhập cảnh** 트어 년 녑 까잉
입국거절	**từ chối nhập cảnh** 뜨 쪼이 녑 까잉
체류기간	**thời gian lưu trú** 터이 지안 르우 쭈
비자연장	**gia hạn visa** 지아 한 비자
출장	**công tác** 꽁 딱
유학	**du học**(遊學) 주 혹
신혼여행	**du lịch tuần trăng mật** 주 리익 뚜언 짱 멋
가족여행	**du lịch gia đình** 주 지익 지아 딩
여행객	**khách du lịch** 카익 주 리익
가족 방문	**thăm hỏi gia đình** 탐 호이 지아 딩
처갓집	**nhà vợ** 냐 보
국적	**quốc tịch**(國籍) 꾸옥 띠익

공항 면세점

베트남의 국제공항 내의 면세점은 인천공항보다는 규모가 작다. 가장 대표적인 상품은 술, 담배, 초콜릿 정도이다. 베트남을 상징하는 기념품, 커피 원두, 유명 브랜드 시계, 가방, 화장품 등이 있지만 베트남 시내에 상점보다 저렴하지 않다. 다낭 공항에는 롯데면세점이 임시 오픈한 상태이고 2017년 하반기 규모를 확장 해서 오픈할 예정이니 기대해볼 만하다.

Lim	뭐 좀 여쭤 볼게요.
	Làm ơn cho tôi hỏi một chút.
	람 언 쪼 또이 호이 못 쭛.
Nhân viên	네, 선생님 질문이 뭐예요?
	Dạ, anh hỏi gì ạ?
	자, 아잉 호이 지 아?
Lim	나는 아직 내 수하물을 보지 못했어요.
	Tôi chưa thấy hành lý của mình.
	또이 쯔어 터이 하잉 리 꾸어 미잉.
	이미 한 시간이나 기다렸어요.
	Tôi đã chờ một tiếng rồi.
	또이 다 쪼 못 띠엥 조이.
	확인하는 것을 도와주세요!
	Chị kiểm tra giúp tôi nhé!
	찌 끼엠 짜 지웁 또이 냬!
Nhân viên	네, 잠시만 기다려주세요.
	Dạ, vâng. Anh chờ một chút ạ.
	자, 벙. 아잉 쪼 못 쭛 아.
	아, 손님 수하물이 곧 나올 겁니다.
	À, Hành lý của anh sắp đến rồi.
	아, 하잉 리 꾸어 아잉 쌉 덴 조이.

(수하물을 찾고 나서...)

Lim

대단히 감사합니다.

Cám ơn nhiều.

깜 언 니에우.

Nhân viên

천만에요. 즐거운 여행 되세요!

Không có gì anh ạ.

Chúc anh có chuyến đi vui vẻ!

콩 꼬 지 아잉 아. 쭉 아잉 꼬 쭈이엔 디 부이 배!

---

làm ơn cho tôi 람 언 쪼 또이 내가 ~하게 해 주세요

một chút 못 조금

dạ 자 네

chưa 쯔어 아직

của 꾸어 ~의

mình 미잉 자신의

đã+동사 다~ ~았/었/했다 (과거시제)

chờ đồi 쪄 더이 기다리다

vâng 벙 예

à 아 갑자기 무언가를 생각해 냈을 때, 문미에서 의문을 나타내는 말

sắp 쌉 막 ~하려 하다 (근접미래)

đến 덴 오다, 도착하다

ạ 아 높임을 나타내는 말

chuyến đi 쭈이엔 디 여행

귀국선물로 많이 구입하는 품목 가운데 하나가 베트남의 효자 수출 상품인 커피이다. G7 믹스커피, 다람쥐 똥 커피 또는 꼰삭 커피(con sóc coffee)와 사향 고양이 똥 커피(루왁 커피)도 살 수 있는데 전 세계 2위 커피 원산지라는 명성에 비하면 가격이 아주 저렴한 편은 아니다. 맥주 안주로 좋은 견과류인 캐슈너트, 마카다미아 등 여러 종류가 있다. 과일 천국에 걸맞게 싸고 종류가 다양하다. 망고, 잭프루트, 바나나 등 열대과일을 말린 것과 과일을 설탕에 절인 오마이(Ô mai)도 있다.

Khu nhận hành lý ở đâu ạ?	수하물 찾는 구역이 어디예요?
Đây có phải là khu hành lý của chuyến bay VN414 không ạ?	여기가 VN414편 수하물 찾는 곳인가요?
Tôi không tìm được cái túi của tôi.	내 가방을 찾을 수 없어요.
Xin giúp tôi tìm túi.	제 가방 찾는 것을 도와주세요.
Chị bay chuyến bay nào ạ?	어느 비행기 편입니까?
Chuyến bay của tôi là VN414.	VN414편이에요.
Xin làm ơn cho tôi xem phiếu gửi hành lý.	제게 손님의 수하물표를 보여 주세요.
Hành lý của tôi bị hư hỏng rồi.	제 짐이 파손되었어요.
Có gì trong hành lý thế ạ?	짐 안에는 뭐가 있었어요?
Bao nhiêu kiện hành lý đây ạ?	수하물은 몇 개 있어요?
Xin hành khách lưu ý là luôn giữ hành lý bên mình.	수하물은 손님 주변에 잘 챙겨주세요.
Ôi, xếp hàng dài quá.	오! 대기 줄이 정말 깁니다.

수하물 찾는 곳	**nơi nhận hành lý** 너이 년 하잉 리
수하물 취급소	**trung tâm xử lý hành lý** 쭝 떰 스 리 하잉 리
수하물 임시보관소	**nơi bảo quản hành lý tạm thời** 너이 바오 꾸안 하잉 리 땀 터이
수하물 영수증	**biên lai hành lý** 비엔 라이 하잉 리
지연	**sự trì hoãn**(遲延) 쓰 찌 호안
분실신고	**khai báo thất lạc** 카이 바오 텃 락
수하물 분실신고서	**giấy khai báo mất hành lý** 지어이 카이 바오 멋 하잉 리
비행기 표	**vé máy bay** 배 마이 바이
보상금	**tiền bồi thường** 띠엔 버이 트엉
파손된 물품 보상	**tiền đồ bị bể** 띠엔 도 비 베
파손 부분	**bộ phận bị hỏng** 보 펀 비 홍
캐리어	**hành lý xách tay** 하잉 리 사익 따이
수화물	**hàng gửi** 항 그이
수하물 이의신청	**khiếu nại về hành lý** 키에우 나이 베 하잉 리
수사물 손실	**hành lý bị tổn thất** 하잉 리 비 똔 텃
파손, 내부물건 분실	**bị hư hỏng, mất đồ bên trong** 비 흐 홍, 멋 도 벤 쫑
수하물 운반 지연	**hành lý vận chuyển chậm** 하잉 리 반 쭈이엔 쩜
비밀 수하물	**hành lý bí mật** 하잉 리 비 멋

호찌민 묘

하노이 호찌민 주석의 묘소

베트남의 민족적 영웅 호찌민의 시신을 안치한 호찌민 묘(Lăng Chủ tịch Hồ Chí Minh, 陵主席-)는 베트남 전역에서 가장 많은 사람이 찾는 명소로 연꽃 모양의 대리석으로 지었다. 입장 시 두 줄로 줄을 맞추어 경건한 분위기를 유지해야 하고, 반바지나 소매 없는 옷은 입장이 불가능하며 카메라나 가방은 리셉션에 맡겨야 한다. 개장시간은 화·수·목요일 07:30~10:30, 토·일요일은 07:30~11:00이고 월·금요일은 휴장한다.

Lim

안녕하세요! 환전 좀 해주세요.

Xin chào! Tôi muốn đổi tiền.

신 짜오! 또이 무온 도이 띠엔.

Nhân viên

안녕하세요. 얼마나 환전하실 거예요?

Xin chào. Anh muốn đổi bao nhiêu ạ?

신 짜오. 아잉 무온 도이 바오 니에우 아?

Lim

100달러를 바꿔 주세요.

Tôi muốn đổi 100 đôla Mỹ sang Việt Nam đồng.

또이 무온 도이 못 짬 도라 미 쌍 비엣 남 동.

오늘 환율은 얼마예요?

Tỉ giá hôm nay bao nhiêu?

띠 지아 홈 나이 바오 니에우?

Nhân viên

1달러에 22,680동이에요. 손님 돈으로 2,268,000동을 바꿀 수 있어요.

22,680 đồng một đola.

Tiền của anh đổi được 2,268,000 đồng.

하이 므어이 하이 응힌 동 못 도라.

띠엔 꾸어 아잉 도이 드억 하이 찌에우 하이 짬 싸우 므어이 땀 응힌 동.

Lim

소액권으로 조금 바꿔 주세요.

Tôi muốn đổi ít tiền lẻ.

또이 무온 도이 잇 띠엔 래.

Nhân viên

소액권으로 얼마나 바꾸길 원하세요?

Anh muốn đổi bao nhiêu tiền lẻ ạ?

아잉 무온 도이 바오 니에우 띠엔 래 아?

Nhân viên

나는 이십만 동을 이만 동짜리로 바꾸고 싶어요.

Tôi muốn đổi 200,000 đồng tiền lẻ, loại tiền 20,000 đồng nhé.

또이 무온 도이 하이 짬 응힌 동 띠엔 래, 로아이 띠엔 하이 므어이 동 냬.

Lim

네. 이백만 동은 고액권으로, 이십육만 동은 이만 동짜리와 팔천 동입니다.

Dạ vâng. Của anh 2,000,000 tiền chẵn, 260,000 tiền 20,000 và 8,000 đồng nữa ạ.

자 범. 꾸어 아잉 하이 찌에우 띠엔 쩐, 하이 짬 싸우 므어이 띠엔 하이 므어이 바 땀 응힌 동 느어 아.

---

tiền 錢 띠엔　돈	**tiền lẻ** 띠엔 래　소액권, 잔돈
muốn 무온　원하다	동사+**được** 드억　할 수 있다
đôla 도라　달러	**ít** 잇　조금
sang 쌍　~으로	**loại** 로아이　종류
đồng 銅, 同 동　베트남 화폐 동, 구리	**tiền chẵn** 띠엔 쩐　고액권
tỉ giá 띠 지아　환율	**nữa** 느어　더

베트남에 입국하면 공항 환전소에서 교통비 등으로 사용할 금액을 환전해야 한다. 공항보다는 시내 은행 수수료가 저렴하므로 소액만 환전한다. 원화는 환전이 안 되므로 한국에서 미국 달러를 준비해야 한다. 보통 원화 1,000원을 20,000동으로 계산하면 간편하다. 환전 시 유의해야 할 점은 달러를 베트남 동화로 환전하는 것은 자유롭지만, 베트남 정부의 외환규제정책으로 인해 베트남 동화를 달러로 환전하는 것은 일반인에게는 어려우므로 베트남 동화로 환전 시 필요한 만큼만 환전하는 것이 좋다. 훼손된 화폐는 은행 외에는 받지 않으므로 주의해야 한다.

미국 달러와 베트남 동

Hôm nay tỉ giá là bao nhiêu?	오늘 환율은 얼마예요?
1 đô bằng 22,600 tiền Việt.	1달러에 22,600동이에요.
Tôi có thể đổi tiền ở đâu ạ?	환전은 어디서 해요?
Tôi đến để đổi tiền.	환전하러 왔어요.
Xin cho tôi đổi tiền.	환전 좀 해 주세요.
Xin hãy đổi cho tôi đổi tiền.	백 달러 환전 해 주세요.
Làm ơn cho tôi xem hộ chiếu.	여권을 보여 주시겠습니까?
Đây là 2,268,000 đồng.	여기 2,268,000동입니다.
Xin hãy đếm lại.	세어 보세요.
Tôi muốn đổi ít tiền.	환전 좀 하고 싶어요.
Anh muốn đổi loại tiền tệ nào?	무슨 종류의 화폐로 환전할 거예요?
Tôi muốn đổi tiền cũ lấy tiền mới.	구권을 신권으로 바꾸고 싶어요.
Tôi muốn đổi tờ tiền có mệnh giá lớn sang tiền lẻ.	고액권을 소액권으로 바꾸고 싶어요.
Hạn mức đổi tiền là bao nhiêu?	환전 한도는 얼마예요?
Phí dịch vụ là bao nhiêu?	수수료는 얼마예요?
Chúng tôi không tính phí dịch vụ.	수수료는 없어요.
Của anh đây.	여기 있습니다.

환전	**sự đổi tiền** 쓰 도이 띠엔
환전소	**quầy đổi tiền** 꾸어이 도이 띠엔
창구	**quầy giao dịch** 꾸어이 지아오 지익
환율시세표	**bảng tỷ giá** 방 띠 지아
외화환율	**tỉ giá ngoại tệ** 띠 지아 응오아이 떼
환전수수료	**phí đổi tiền** 피 도이 띠엔
봉사료, 관리비	**phí dịch vụ** 피 지익 부
환전상	**nghề đổi tiền** 응헤 도이 띠엔
환전신청서	**phiếu đăng ký đổi tiền** 피에우 당 끼 도이 띠엔
영수증	**hóa đơn** 호아 던
중심환율	**tỷ giá trung tâm** 띠 지아 쭝 떰
판매환율	**tỷ giá bán** 띠 지아 반
구매환율	**tỷ giá mua** 띠 지아 무어
현금구매	**mua tiền mặt** 무어 띠엔 맛
외화	**ngoại tệ** (外弊) 응오아이 떼
미국 달러	**đôla Mỹ** 도라 미
베트남 동	**đồng VN** 동 비엣 남
한국 원	**won HQ** 원 한 꾸옥
유로화	**đồng Euro** 동 어로
오십만 동짜리 10장	**10 tờ 500 nghìn đồng** 므어이 떠 남 짬 응힌 동
은행	**ngân hàng** (銀行) 응언 항

신용카드

불과 몇 년 전까지만 해도 매우 제한된 장소에서만 쓰였지만, 현재 호찌민 시를 중심으로 카드 사용이 보편화되며 호텔, 음식점 등에서 카드결제가 가능하다. 지난 2011년부터 소비향상, 세수확보를 위해 베트남 정부도 신용카드 장려정책을 펴기에 카드 사용이 지속적으로 늘어난다. 카드 인프라가 확대되면서 카드결제에 대한 베트남인의 인식도 확산된다. 소비 능력이 있는 30~40대 젊은 층을 중심으로 신용카드의 '선결제 후지불' 기능이 매력적으로 여겨지며 월급을 현금 대신 은행계좌로 수령하게 하거나, 외국계 카드사의 진출을 적극 지원하는 등 정부가 다양한 정책으로 카드 사용을 독려한다. 신한카드는 2011년 국내 금융회사 최초로 베트남 시장에 진출했다. 초기에는 베트남에 거주하는 한국인을 중심으로 영업했지만 지금은 신규모집 고객의 90% 이상이 현지인이다.

Lim

저기요! 나는 휴대전화 심카드 한 개를 사고 싶은데요.

Chị ơi! Tôi muốn mua một SIM điện thoại.

찌 어이! 또이 무온 무어 못 씸 디엔 토아이.

Nhân viên

어느 심카드를 원하세요?

Anh muốn SIM nào?

아잉 무온 씸 나오?

Lim

어느 통신사가 좋아요?

Công ty nào tốt à?

꽁 띠 나오 똣 아?

Nhân viên

비엣텔 또는 비나폰이요.

Viettel hoặc Vinaphone.

비엣텔 호악 비나폰.

Lim

그럼 비나폰으로 주세요.

Thế cho tôi Vinaphone nhé.

테 쪼 또이 비나폰 내.

Nhân viên

네, 여권 좀 보여주세요.

Dạ, cho tôi xem hộ chiếu nhé.

자, 쪼 또이 샘 호 찌에우 내.

Lim

네, 여기 있습니다. 얼마예요?

Dạ, đây. Bao nhiêu tiền à?

자, 더이. 바오 니에우 띠엔 아?

Nhân viên	20만 동입니다. **Hai trăm nghìn ạ.** 하이 짬 응인 아.
Lim	대단히 감사합니다. **Cám ơn chị nhiều.** 깜 언 찌 니에우.

---

mua 무어　사다

SIM 씸　휴대전화 심카드

điện thoại 電話 디엔 토아이　전화기

ơi 어이　상대방을 부를 때

Viettel 비엣텔　비엣텔 통신사

Vinaphone 비나폰　비나폰 통신사

hoặc 호악　또는

cho tôi 쪼 또이　나에게 주세요

베트남에 도착하면 공항에서 휴대전화 심카드를 구입해서 바로 사용할 수 있다. 베트남의 이동통신사는 비나폰(Vinaphone), 비엣텔(Viettel), 에스폰(S-phone) 세 개의 거대 이동통신사가 있다. 비나폰은 베트남 우체국 산하의 회사로서 시장점유율 1위를 차지한다. 베트남 이동통신이 한국과 가장 다른 점은 심카드, 선불제 방식을 이용한다는 것이다. 즉, 휴대전화 기기를 사면 기본료 없이 심을 끼워서 돈을 충전해 사용한다. 충전하면 통화 및 인터넷 사용까지 모두 가능하다. 충전된 금액으로 데이터 플랜에 가입해서 사용하면 훨씬 저렴하게 이용할 수 있다. 보통 30일 1.2GB 용량으로 3G를 사용하면 10만 동, 약 5천 원이다. 마찬가지로 30일 3GB 용량으로 3G를 사용하면 20만 동, 약 만 원이다. 데이터 플랜을 정하면 한 달에 한 번씩 충전해서 휴대전화를 사용하면 된다. 충전은 충전쿠폰을 구매하고 동전 등으로 우리나라의 복권 긁듯이 긁고 그곳에 쿠폰번호를 확인한 뒤, *100*쿠폰번호# 통화버튼을 누르면 충전이 된다. 남은 금액을 확인하려면 *101# 통화버튼을 누르면 된다.

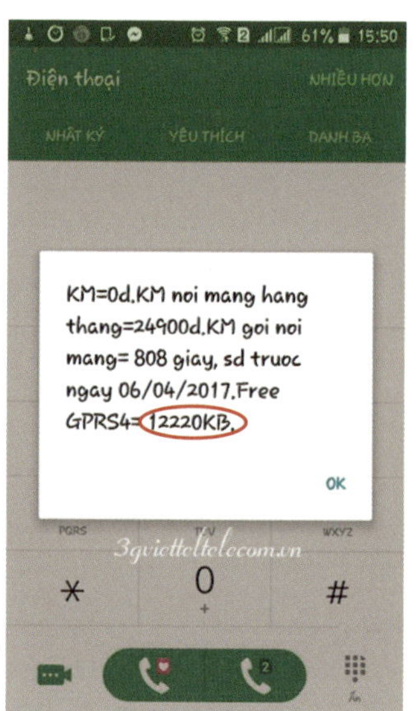

핸드폰에 사용 가능한 잔액이 표시 된다.
빨간 동그라미 안의 숫자가 남은 금액이다.

🎧 2-14.mp3

Ở đây có SIM điện thoại không?	여기 심 있어요?
Anh muốn mạng Viettel hay Vinaphone?	비엣텔 망 또는 비나폰 망을 원해요?
Có nhiều người dùng Vinaphone hơn.	많은 사람이 비나폰을 더 많이 써요.
Ở đây anh có bán thẻ nạp tiền điện thoại không?	여기 휴대전화 충전카드 팔아요?
Có, chị cần loại nào?	네, 무슨 종류가 필요하세요?
Tôi lấy thẻ 100 nghìn.	십만 동짜리로 할게요.
Chị muốn nạp tiền điện thoại bao nhiêu ạ?	휴대전화 얼마 충전할 거예요?
Anh hướng dẫn nạp thẻ cho thuê bao trả trước giúp tôi?	휴대전화 충전은 어떻게 하는지 알려 주시겠어요?
Anh hãy bấm *100*, mã số thẻ # rồi bấm [OK] hoặc gọi.	*100*, 카드번호 #를 누르고 [OK] 또는 통화버튼을 누르세요.
Xin hãy tắt điện thoại di động.	휴대전화를 꺼 주세요.
Có cái cục sạc di động không?	여기 휴대전화 충전기 있어요?
Mẫu điện thoại di động của chị là gì?	휴대전화 모델이 뭐예요?
Ở đây có cái pin dự phòng di động không?	여기에 휴대전화 보조배터리 있어요?
Cầm máy đợi tôi một chút nhé!	전화를 끊지 말고 잠시 기다려 주세요!
Máy đang bận liên tục.	계속 통화 중이에요.

등록	đăng ký (登記) 당 끼
번호 선택	chọn số 쫀 쏘
통화료	phí cuộc gọi 피 꾸옥 고이
국제 장거리	đường dài quốc tế 드엉 자이 꾸옥 떼
휴대전화 충전카드	thẻ nạp tiền điện thoại 태 납 띠엔 디엔 토아이
액면가	mệnh giá 메잉 지아
기본요금	cước phí 끄억 피
전화벨	điện thoại reo 디엔 토아이 재오
전화 다이얼	quay số 꾸아이 쏘
지역번호	mã vùng 마 붕
전화 대기 중	chờ máy 쪼 마이
일반전화	máy bàn 마이 반
휴대전화를 켜다	mở điện thoại di động 머 디엔 토아이 지 동
휴대전화를 끄다	tắt điện thoại di động 땃 디엔 토아이 지 동
휴대전화를 충전하다	sạc điện thoại di động 싹 디엔 토아이 지 동
메시지를 보내다	gửi tin nhắn 그이 띤 냔
메시지를 받다	nhận tin nhắn 년 띤 냔
심을 넣다	gắn thẻ SIM 간 태 씸
심을 빼다	tháo thẻ SIM 타오 태 씸
심을 바꾸다	đổi thẻ SIM 도이 태 씸
화면	màn hình 만 히잉
내부 메모리	bộ nhớ trong 보 녀 쫑
인터넷 망 접속	kết nối mạng 껫 노이 망
배터리 용량	dung lượng (容量) pin 중 르엉 삔
부속품, 액세서리	phụ kiện 푸 끼엔

소비 시장

하노이 북부 박닌 성에 위치한 삼성전자 베트남 법인

현재 베트남 대도시의 급속한 경제 성장에 힘입어 주요 도시(하노이, 호찌민, 다낭 등) 중산층 가구 비율이 매우 증가했다. 이러한 변화는 여가와 개인 문화생활에 대한 지출이 늘어나는 데 영향을 미친다. 삼성 휴대전화 사용이 증가하고 한국 드라마의 인기를 등에 업고 한국산 제품의 인지도도 함께 상승했다. 이렇듯 베트남 소비 시장에서 한국 제품의 이미지가 전반적으로 긍정적이어서 소비자 소득의 증가 및 브랜드 인지도 증가로 매년 꾸준히 성장하고 있다. 특히, 베트남 북부 지역에는 삼성전자, LG전자 등의 진출로 첨단 분야 중소·중견 기업의 투자도 지속적으로 증가하고 있다.

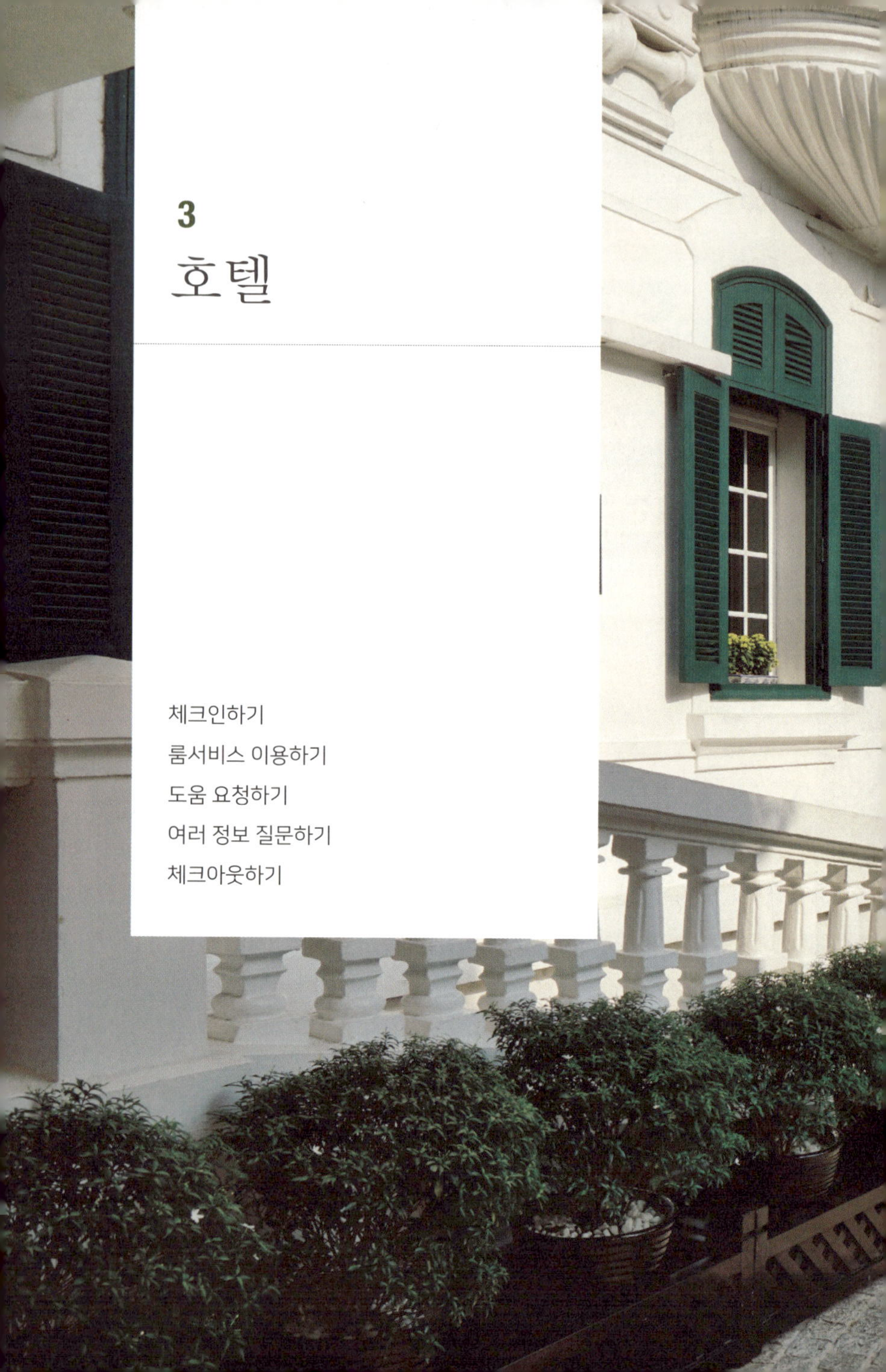

3

호텔

Nhân viên

안녕하세요, 무엇을 도와 드릴까요?

Xin chào, anh cần gì ạ?

신 짜오, 아잉 껀 지 아?

Lim

안녕하세요. 방을 예약했어요. 확인 좀 해 주세요.

Chào em. Anh đã đặt một phòng cách đây 2 ngày. Em kiểm tra giúp anh nhé.

짜오 앰. 아잉 다 닷 못 퐁 까익 더이 하이 응아이. 앰 끼엠 짜 지웁 아잉 내.

Nhân viên

네, 성함이 어떻게 되세요?

Dạ, anh tên là gì ạ?

자, 아잉 뗀 라 지 아?

Lim

임꺽정이에요.

Anh tên là Lim Kkeokjeong.

아잉 뗀 라 림 꺽정.

Nhân viên

여권 좀 주세요.

Anh cho em xem hộ chiếu nhé.

아잉 쪼 앰 샘 호 찌에우 내.

Lim

여기요.

Đây.

더이.

Nhân viên	네, 여기 객실 열쇠입니다! **Dạ, đây là thẻ phòng của anh ạ!** 자, 더이 라 태 퐁 꾸어 아잉 아! 직원을 따라 가시면, 안내해 드릴 겁니다. **Anh theo nhân viên phục vụ, anh ấy sẽ hướng dẫn cho anh.** 아잉 태오 년 비엔 푹 부, 아잉 어이 쌔 흐엉 전 쪼 아잉.
Lim	고맙습니다. **Cám ơn em.** 깜 언 앰.
Nhân viên	손님 짐을 들어 드리겠습니다. **Để tôi xách hành lý giúp anh.** 데 또이 사익 하잉 리 지웁 아잉.

---

cách đây 까익 더이　~전에
phòng 房 퐁　방
rồi 조이　이미
xác nhận 確認 삭 년　확인하다
thẻ phòng 태 퐁　방 출입카드

phục vụ 服務 푹 부　봉사, 서비스, 복무
hướng dẫn 흐엉 전　안내하다
để 데　~하게 하다
xách 사익　손으로 들다

하노이 호안끼엠 호수 근처 호텔 전경

베트남의 숙박시설에는 고급 호텔부터 중저가 호텔, 한국 콘도 형식의 레지
던스 호텔, 리조트, 펜션, 게스트 하우스, 홈스테이도 가능하다. 대부분의 숙
박시설에서 영어로 소통이 가능하고 간혹 한국어로 대화를 할 수 있는 직원
이 있는 곳도 있다. 숙박시설은 자신의 경제적 여건에 맞추어 다양한 선택이
가능하다.

Tôi muốn đặt phòng đơn(đôi).	싱글 룸(더블 룸)을 예약하고 싶어요.
Khi nào chị đến đây?	언제 오세요?
Vào ngày 11 tháng 9.	9월 11일에 가요.
Làm ơn cho em biết tên và số điện thoại của chị.	성함과 전화번호를 알려 주시겠어요?
Tôi tên là Cha, số điện thoại của tôi là 012-1234-5678.	내 이름은 차이고 전화번호는 012-1234-5678입니다.
Chị sẽ ở trong mấy ngày ạ?	며칠 동안 머무실 거예요?
Tôi sẽ ở đó 3 đêm.	3일 동안이요.
Tiền phòng một đêm là bao nhiêu?	숙박비는 하루에 얼마예요?
Tôi muốn đổi lịch đặt phòng.	나는 예약을 변경하고 싶어요.
Xin lỗi, ngày mai hết phòng rồi.	실례지만 내일은 빈 방이 없습니다.
Chị đã đặt phòng chưa ạ?	예약은 하셨어요?
Chưa, tôi chưa đặt phòng.	아뇨. 나는 방 예약을 아직 안 했어요.
Có phòng trống không?	빈 방 있어요?
Có ạ.	네, 있습니다.
Xin lỗi, hết phòng rồi ạ.	죄송합니다. 방이 모두 나갔습니다.
Tôi nhận phòng bây giờ được không?	지금 체크인할 수 있나요?
Phòng của chị số 803 và chìa khóa của chị đây.	객실은 803호이고 열쇠는 여기 있습니다.

예약	**sự đặt trước** 쓰 닷 쯔억
방 번호	**số phòng** 쏘 퐁
빈방	**phòng trống** 퐁 쫑
숙박비	**giá tiền phòng** 지아 띠엔 퐁
숙박	**lưu lại** 르우 라이
호텔 로비	**lobby khách sạn** 로비 카익 싼
프런트	**tiền sảnh/quầy** 띠엔 싼/꾸어이
더블 룸	**phòng đôi** 퐁 도이
싱글 룸	**phòng đơn** 퐁 던
예비 침대	**giường dự bị** 지으엉 즈 비
시트	**khăn trải giường** 칸 짜이 지으엉
담요	**khăn** 칸
베개	**gối** 고이
수건	**khăn mặt** 칸 맛
목욕수건	**khăn tắm** 칸 땀
복도	**hành lang** 하잉 랑
층	**tầng** 떵
룸서비스	**phục vụ phòng** 푹 부 퐁
모닝콜	**đánh thức sáng** 다잉 특 쌍
내선전화	**điện thoại nội bộ** 디엔 토아이 노이 보
시내전화	**điện thoại trong nội thị** 디엔 토아이 쫑 노이 티
비상벨	**chuông báo khẩn** 쭈옹 바오 컨
계단	**cầu thang** 꺼우 탕
귀중품	**đồ quý giá** 도 꾸이 지아
요금	**tiền phí** 띠엔 피
수하물 보관소	**nơi bảo quản hành lý** 너이 바오 꾸안 하잉 리

교통 체증

베트남의 대도시는 한국과 마찬가지로 출퇴근 시간이면 교통체증이 아주 심하다. 자동차, 오토바이, 버스 등이 뒤엉켜 정신이 나갈 정도이다. 하지만 그러한 무질서 속에서도 교통사고가 적은 편이고 대부분의 사람들이 아무렇게나 뒤엉킨 혼란 속에서도 그들 나름의 질서(?)를 지키는 듯하다. 수많은 경적소리에 짜증이 나서 여기저기에서 싸우는 소리가 들릴 법도 한데 도로 위에서 싸우는 사람은 없다. 연중 6개월 이상이 더운 나라여서 그들만의 여유로움이 있다. 그들만의 여유로움 때문인지 전자제품 A/S, 인터넷/TV 설치, 가스나 식수 등을 주문하고 약속시간을 정하면 약속시간을 지키는 일이 거의 없다. 시간 약속에 관해서는 '고무줄 같은 시간(Giờ dây thun)'이라는 말이 있을 정도이다. 하지만 기업인, 정부 고위공무원의 경우 상대적으로 약속시간을 잘 지키는 편이다. 베트남인과 개인적으로 약속이 정해지면 으레 약속시간보다 늦으니 커피 한잔의 여유를 가지는 것도 베트남 문화를 이해하는 한 방법이다.

Nhân viên	리셉션입니다. 무엇을 도와 드릴까요? **Đây là quầy tiếp tân. Anh cần gì ạ?** 더이 라 꾸어이 띠엡 떤. 아잉 껀 지 아?
Lim	세탁하고 싶어요. **Tôi muốn sử dụng dịch vụ giặt là.** 또이 무온 쓰 중 지익 부 지앗 라. 양복 한 벌과 와이셔츠 두 개 세탁하고 싶어요. **Tôi muốn giặt là 1 bộ comple và 2 cái áo sơ mi.** 또이 무온 지앗 라 못 보 꼼쁘래 바 하이 까이 아오 써 미. 모두 얼마예요? **Hết bao nhiêu tiền hả, chị?** 헷 바오 니에우 띠엔 하, 찌?
Nhân viên	네, 양복 한 벌에 십오만 동, 와이셔츠 두 개에 십만 동입니다. 총 이십오만 동입니다. **Dạ, 1 bộ comple là 150,000, 2 cái áo sơ mi là 100,000. Tổng cộng là 250,000.** 자, 못 보 꼼쁘래 라 못 짬 남 므어이 응힌, 하이 까이 아오 써 미 라 못 짬 응힌. 똥 꽁 라 하이 짬 남 므어이.
Lim	화장실에 휴지하고 수건이 없네요. **Trong phòng vệ sinh hết giấy vệ sinh và khăn tắm rồi.** 쫑 퐁 베 씨잉 셋 지어이 베 씨잉 바 칸 땀 조이.

Nhân viên	바로 갖다 드릴게요. **Chúng tôi sẽ mang đến cho anh ngay bây giờ.** 쭝 또이 쌔 망 덴 쪼 아잉 응앙이 버이 지어.
Lim	내일 아침식사를 방에 가져다 줄 수 있나요? **Khách sạn có phục vụ bữa sáng tại phòng không?** 카익 싼 꼬 푹 부 브어 쌍 따이 퐁 콩?
Nhân viên	그럼요. 내일 아침식사를 방으로 가져다 드릴게요. **Được chứ. Sáng mai chúng tôi mang bữa sáng đến tại phòng anh.** 드억 쯔. 쌍 마이 쭝 또이 망 브어 쌍 덴 따이 퐁 아잉.

---

phòng khách 퐁 카익　객실	**ngay bây giờ** 응아 버이 지어　지금 즉시	
quấy tiếp tân 꾸어이 띠엡 떤　리셉션	**bộ** 보　한 벌의	
sử dụng 使用 쓰 중　사용하다	**comple** 꼼쁘래　양복	
giặt là 지앗 라　세탁	**áo sơ mi** 아오 써 미　와이셔츠	
phòng vệ sinh 퐁 베 씨잉　화장실	**tổng** 總 똥　총, 모두	
giấy 紙 지어이　종이	**bữa sáng** 브어 쌍　아침식사	
hết 헷　끝나다, 모두		

베트남 대부분의 숙박시설은 아침식사가 포함된다. 숙박예약 사이트의 프로
모션 기간에 할인이 많은 숙박시설의 경우 아침식사가 빠지기도 하는데 예
약할 때 아침식사가 포함된 숙박시설로 예약하면 된다. 베트남은 더운 나라
여서 한국보다 두세 시간 빠르게 아침 7시면 대부분의 식당이 영업을 시작한
다. 호텔 음식보다 현지 음식을 맛보길 원한다면 일찍 호텔을 나서서 거리의
식당에서 아침식사를 해결하는 것도 베트남 여행의 참맛을 느낄 수 있을 것
이다. 한국의 목욕탕 의자가 즐비한 거리의 작은 '서민식당'에서 '퍼'나 '분짜'
를 먹어 보는 건 어떨까?

• 서민식당: quán cơm bình dân (quán 식당, cơm 밥, bình dân 평민)

Hãy lấy nước đá giúp tôi.	물을 좀 갖다 주세요.
Cô lấy cho tôi thêm khăn tắm nhé!	수건을 좀 더 갖다 주세요.
Hãy giặt quần áo này giúp tôi.	이 옷을 세탁해 주세요.
Khi nào thì đồ của tôi giặt xong?	언제 내 세탁물이 다 되나요?
Xin gọi tôi dậy lúc 6 giờ sáng mai nhé.	내일 아침 여섯 시에 모닝콜 해 주세요.
Cho tôi thuốc diệt muỗi.	모기약 좀 주세요.
Hết giấy vệ sinh rồi.	휴지를 다 썼어요.
Cái gối này bẩn rồi. Tôi muốn đổi cái khác.	베개가 더러워요. 새것으로 바꿔 주세요.
Trong phòng có két sắt không?	방에 금고가 있어요?
Tôi muốn gửi hành lý này được không?	이 짐을 맡기고 싶은데 가능해요?
Tôi muốn dùng internet.	인터넷을 쓰고 싶어요.
Ở đây có thể đổi tiền không?	여기에서 환전할 수 있어요?
Mật khẩu wifi là gì nhỉ?	와이파이 비밀번호가 뭐죠?
Mật khẩu Wifi là 12345678.	와이파이 비밀번호는 12345678이에요.
Tôi để quên chìa khóa trong phòng mất rồi.	방에 방 열쇠를 잊고 놔두고 왔어요.

한국어	베트남어
아침식사 서비스	**phục vụ bữa sáng** 푹 부 브어 쌍
오락	**trò giải trí** 쩌 지아이 찌
세탁서비스	**dịch vụ giặt** 지익 부 지앗
스킨	**nước hoa hồng** 느억 호아 홍
로션	**sữa dưỡng** 쓰어 즈엉
비누	**xà phòng** 사 퐁
샴푸	**dầu gội đầu** 저우 고이 더우
린스	**dầu xả** 저우 사
목욕세제	**sữa tắm** 쓰어 땀
행주	**khăn lau** 칸 라우
면봉	**que gòn** 꾸애 곤
빗	**lược** 르억
칫솔	**bàn chải đánh răng** 반 짜이 다잉 장
치약	**kem đánh răng** 깸 다잉 장
헤어드라이기	**máy sấy tóc** 마이 써이 똑
봉사 직원	**nhân viên phục vụ** 년 비엔 푹 부
세탁 가방	**túi giặt** 뚜이 지앗
세탁물	**đồ giặt** 도 지앗
예약하다	**đặt trước** 닷 쯔억
외출하다	**đi ra ngoài** 디 자 응오아이
돌아오다	**trở lại** 쩌 라이
들어가다	**đi vào** 디 바오
연장하다	**ra hạn** 자 한
보관하다	**bảo quản** 바오 꾸안
부르다, 전화하다, 주문하다	**gọi** 고이

음식 문화

향긋한 허브와 해산물, 신선한 채소 그리고 기름 대신에 물이나 국물을 사용하는 조리 방법이 베트남 음식의 특징이다. 베트남 음식 재료인 고수, 민트, 바질, 붉은 고추 등은 소화를 돕고 질병을 예방한다고 알려졌다. 쌀국수(phở, 퍼)는 건강에 좋고 맛있는 향신료가 가득하다. 퍼에 사용되는 국물은 만드는 데 시간이 많이 걸리지만 엽산, 철, 마그네슘, 비타민 B, C, 미네랄이 풍부해서 피로를 풀어 주고 면역체계 강화에 도움이 된다. 삶은 돼지고기, 삶은 새우, 신선한 민트, 허브 등을 사용하여 라이스페이퍼(bánh đa nem, 반다넴)에 말아서 먹는 요리이다. 땅콩소스나 피시소스(nước mắm, 누억맘)를 기본으로 한 소스와 함께 먹을 수 있다. 가볍고 상쾌한 식사를 하고 싶으면 스프링롤(nem cuốn, 넴꾸온)을 먹는 게 좋다. 간단한 음식이지만 영양가가 풍부하다.

Lim

여보세요, 여기는 803호예요. TV 신호가 왜 안 잡히는지 봐주세요.

Alô, đây là phòng tám không ba. Chị kiểm tra giúp toi tại sao TV không có tín hiệu.

아로, 더이 라 퐁 땀 콩 바. 찌 끼엠 짜 지웁 또이 따이 싸오 띠비 콩 꼬 띤 히에우.

Nhân viên

네, 알겠습니다. 잠시만 기다려 주세요. 전기공이 곧 도착할 겁니다.

Dạ, vâng. Anh làm ơn chờ một chút. Thợ điện sẽ tới ngay.

자, 벙. 아잉 람 언 쪼 못 쭛. 터 디엔 쌔 떠이 응아이.

Lim

알겠습니다. 고맙습니다.

OK. Cảm ơn nhiều.

오케이. 깜 언 니에우.

(벨소리)

누구세요?

Ai đấy?

아이 더이?

Nhân viên

전기공입니다.

Dạ, tôi là thợ điện đây ạ.

자, 또이 라 터 디엔 더이 아.

Lim

들어오세요. TV 신호가 안 잡혀요.

Xin mời vào. TV này không có tín hiệu.

신 머이 바오. 띠비 나이 콩 꼬 띤 히에우.

Nhân viên

리모컨 좀 주세요.

Anh cho tôi mượn điều khiển nhé.

아잉 쪼 또이 므언 디에우 키엔 냬.

Lim

여기요.

Đây ạ.

더이 아.

Nhân viên

TV 볼 때는 이 버튼을 눌러야 합니다.

Anh bấm vào nút này để xem.

아잉 범 바오 눗 나이 데 샘.

---

tín hiệu 信號 띤 히에우 신호

thợ điện 토 디엔 전기공

mượn 므언 빌리다

điều khiển 디에우 키엔 리모컨

bấm 범 누르다

vào 바오 ~에, 들어가다(오다)

nút 눗 버튼

해외에 나가면 낯선 환경, 문화 등으로 인해 현지인에게 도움을 요청할 일이 많이 생긴다. 베트남의 호텔에 가면 TV 리모컨과 위성 리모컨 등 여러 개가 있어서 TV 전원을 켜는 것조차 힘들 때가 있다. 이때 도움을 받는 사람은 도움을 줄 사람에게 공손히 부탁해야 한다. 베트남어는 부탁을 하거나 도움이 필요할 때 giúp/giùm/hộ를 사용한다.

주어(도움을 주는 사람) + 동사 + giúp/giùm/hộ + 도움을 받는 사람

Anh gọi taxi giúp tôi nhé*!
Em mở cửa giúp tôi được không?**
Chị tắt máy điều hòa giùm em được không ạ*?**
Ông làm ơn** bật máy điều hòa hộ cháu nhé****!**

*   정감 있게 하는 표현으로 문장 끝에 온다.
**   예의에 어긋나지 않게 하는 보통의 격식이 있는 표현이다.
***   높임표현으로 문장 끝에서 정중하게 도움을 요청하는 표현이다.
**** 아주 예의바른 표현으로 나이가 많거나 지위가 높은 사람에게 도움을 요청할 때 사용한다.

🎧 3-6.mp3

Tôi muốn đổi phòng khác.	객실을 바꾸고 싶어요.
Phòng của tôi không sách sẽ.	제 방이 깨끗하지 않네요.
Bị mất điện rồi.	전기가 나갔어요.
Bồn cầu bị tắc rồi.	변기가 막혔어요.
Trong phòng tắm không có nước nóng.	욕실에 뜨거운 물이 안 나와요.
Máy giặt bị hỏng rồi.	세탁기가 고장 났어요.
Đèn trong phòng không sáng.	방 안의 전등에 불이 안 들어와요.
Tôi làm mất chìa khóa rồi.	열쇠를 잃어 버렸어요.
Cửa phòng khóa rồi tôi lại để quên chìa khóa trong phòng.	방문이 잠겼는데 열쇠를 방에 두고 왔어요.
Kết nối internet bị ngắt rồi.	인터넷 접속이 안 돼요.
Internet chậm quá!	인터넷이 너무 느려요!
Máy điều hòa bị hỏng rồi.	에어컨이 고장 났어요.
Máy điều hòa không hoạt động.	에어컨이 작동되지 않아요.
Anh sửa nó giúp tôi nhé?	그것을 고쳐 주겠어요?
Anh đến xem giúp tôi được không?	와서 봐 주실래요?

샹들리에	**đèn chùm lớn** 댄 쭘 런
플로어 램프	**đèn đứng** 댄 등
등	**đèn** 댄
콘센트	**ổ cắm điện** 어 깜 디엔
냉장고	**tủ lạnh** 뚜 라잉
에어컨	**máy điều hòa** 마이 디에우 호아
커피포트	**ấm đun** 엄 둔
가구	**đồ đạc** 도 닥
소파	**ghế sa-lông** 게 싸 롱
탁자	**bàn** 반
침대	**giường** 지으엉
옷장	**tủ áo** 뚜 아오
커튼	**rèm** 쟴
양탄자	**thảm** 탐
재떨이	**gạt tàn thuốc** 갓 딴 투옥
창문	**cửa sổ** 끄어 쏘
방문	**cửa phòng** 끄어 퐁
열쇠	**chìa khóa** 찌어 코아
변기	**bồn vệ sinh** 본 베 씨잉
샤워기	**vòi tắm** 보이 땀
거울	**gương** 그엉
세면대	**bồn rửa mặt** 본 즈어 맛
수도꼭지	**vòi nước** 보이 느억
욕조	**bồn tắm** 본 땀
쓰레기통	**thùng rác** 퉁 작

여행지 호텔

• 하노이

등급	이름	주소
3성급	Authentic Hanoi Hotel	13 Ly Thai To, Ha Noi
	Boss Hanoi Hotel	20 Lo su, Ha Noi
	Conifer Boutique Hotel	9 Ly Dao Thanh, Ha Noi
	Hanoi Vega Hotel	75 Hang Dieu, Ha Noi
	Rising Dragon Palace Hotel	12 Nguyen Quang Bich, Ha Noi
4성급	Fortuna Hotel	6B Lang Ha St, Ha Noi
	Hanoi Tirant Hotel	38 Gia Ngu, Hoan Kiem, Ha Noi
	Sunway Hotel	19 Pham Dinh Ho St, Ha Noi
	Medallion Hotel	11-13 Ma May St, Ha Noi
5성급	Daewoo Hotel	360 KIMMA, Ha Noi
	Melia Hotel	44 B Ly Thuong Kie, Ha Noit
	Intercontinental	1A Nghi Tam, Ha Noi
	Hilton Hotel	1 Le Thanh Tong, Ha Noi
	Sheraton Hotel	K5 Nghi Tam,11 Xuan Dieu, Ha Noi

• 호찌민

등급	이름	주소
3성급	Asian Ruby Hotel	26 Thi Sach, HCM, TP HCM
	Elios Hotel	233 Pham Ngu Lao, TP HCM
	La Jolie Hotel	4D Thi Sach, TP HCM
	Nhat Ha 3 Hotel	14-16 Cao Ba Quat, TP HCM
	Silverland Hotel	20-22-24 Thai Van Lung, TP HCM
4성급	Duxton Hotel	63 Nguyen Hue, TP HCM
	Parkroyal Hotel	309B Nguyen Van Troi, TP HCM
	Ramana Hotel	323 Le Van Sy, TP HCM
	REX Hotel	141 Nguyen Hue, TP HCM
5성급	Caravelle Hotel	19 Lam Son, TP HCM
	Hyatt Hotel	2 Cong Truong Lam Son, TP HCM
	Intercontinental Hotel	39 Le Daun st, Dist 1, TP HCM
	Lotte Legend Hotel	2A-4A Ton Duc Thang, TP HCM
	Movenpick	253 Nguyen Van Troi, TP HCM

Lim	저기요, 아침식사는 어디서 해요?
	Em ơi, ăn sáng ở đâu đấy?
	앰 어이, 안 쌍 어 더우 더이?

Nhân viên	네, 7층에 있어요.
	Dạ, ở tầng bảy ạ.
	자, 어 떵 바이 아.

Lim	식사시간은 어떻게 돼요?
	Giờ ăn sáng thế nào?
	지어 안 쌍 테 나오?

Nhân viên	네, 아침 6시부터 10시까지예요.
	Dạ, từ 6 giờ đến 10 giờ ạ.
	자, 뜨 싸우 지어 덴 므어이 지어 아.

Lim	수영장은 어디 있어요?
	Bể bơi ở đâu đấy?
	베 버이 어 더우 더이?

Nhân viên	저기로 가면 있어요.
	Ở đằng kia anh ạ.
	어 당 끼어 아잉 아.

Lim	거기는 무료인가요?
	Ở đó có miễn phí không?
	어 도 꼬 미엔 피 콩?

Nhân viên	네, 무료예요. **Dạ, có.** 자, 꼬.
Lim	나중에 택시 좀 불러줄 수 있어요? **Một lát nữa, em gọi taxi giúp tôi được không?** 못 랏 느어, 앰 고이 딱시 지웁 또이 드억 콩?
Nhân viên	물론이죠! 그럼 몇 시에 택시를 불러 드릴까요? **Được chứ ạ! Vậy mấy giờ anh đi để em gọi ạ?** 드억 쯔 아! 버이 머이 지어 아잉 디 데 앰 고이 아?
Lim	9시쯤 불러 주세요! **Khoảng 9 giờ nhé!** 코앙 찐 지어 내!

ăn 안　먹다	**miễn phí** 미엔 피　무료
từ ... đến ... 뜨 덴　~에서 ~까지	**một lát nữa** 못 랏 느어　잠시 후에
bể bơi 베 버이　수영장	**mấy giờ** 머이 지어　몇 시에
đằng kia 당 끼어　저기	**được không?** 드억 콩　할 수 있어요?
đó 도　그	**khoảng** 코앙　대략

해외로 여행을 가면 현지인에게 궁금하거나 모르는 내용을 물어보는 경우가 많다. 베트남어는 의문문 뒤에 **đấy**를 써서 친밀함을 표현한다. 앞서 호텔직원에게 아침을 어디서 먹는지 물어보는 상황이었는데 의문문 제일 끝에 **đấy**을 붙여서 정감 있게 물어보는 문장이다.

Em ơi, ăn sáng ở đâu đấy?
동생아, 아침을 어디서 먹을 거니?

Chị đi đâu đấy?
언니는 어디로 가요?

Mã wifi là bao nhiêu?	와이파이 번호는 뭐예요?
Mã wifi là 88888888.	와이파이 번호는 8888888이에요.
Trong phòng khách cung cấp wifi tốc độ cao miễn phí.	객실 안에는 초고속 와이파이가 무료로 제공돼요.
Tôi muốn gửi fax ở đây được không?	나는 여기서 팩스를 보내려고 하는데 가능한가요?
Cho tôi một tấm bản đồ thành phố này được không?	여기 시내 지도 한 장 줄 수 있나요?
Giới thiệu cho tôi nhà hàng nổi tiếng được không?	유명한 식당 추천해 줄 수 있나요?
Hà Nội ở đâu đẹp?	하노이에서 어디가 좋아요?
Hà Nội cái gì nổi tiếng?	하노이는 뭐가 유명한가요?
Nơi di tích văn hóa nổi tiếng ở đâu?	유명한 문화유적지는 어디에 있어요?
Đi bằng gì đến Văn miếu?	문묘까지 어떻게 가나요?
Đi bộ đến đó được không?	거기까지 걸어 갈 수 있나요?
Không được. Từ đây đến đó xa lắm.	안 돼요. 여기서 거기까지 매우 멀어요.
Anh chỉ giúp tôi tuyến tham quan tốt nhất được không?	가장 좋아하는 여행지를 알려주시겠어요?
Ở đây có đặc sản gì?	여기 특산품은 뭐예요?
Tôi muốn mua 1 số đồ lưu niệm.	기념품 좀 사고 싶어요.

취소 위약금	**phạt do huỷ bỏ** 팟 조 후이 보
보상	**bồi thường** 보이 트엉
보증금	**đặt cọc** 닷 꼭
목적지 정보	**kiến thức về điểm đến** 키엔 특 베 디엠 덴
목적지	**điểm đến** 디엠 덴
직행	**trực tiếp** 쯕 띠엡
서류	**tài liệu giấy tờ** 따이 리에우 지어이 떠
국내여행	**du lịch trong nước** 주 리익 쫑 느억
국제관광	**du lịch quốc tế** 주 릭 꾸옥 떼
무료표	**vé miễn phí** 배 미엔 피
지리적 특징	**đặc điểm địa lý** 닥 디엠 디어 리
안내책	**sách hướng dẫn** 싸익 흐엉 전
여정	**lịch trình** 리익 찌잉
비성수기	**mùa vắng khách** 무어 방 카익
명세서	**bảng kê** 방 께
우대상품	**sản phẩm được ưu đãi** 싼 펌 드억 으우 다이
기차 스케줄	**lịch chạy tàu** 리익 짜이 따우
예약 확인	**xác nhận lại việc đặt chỗ** 삭 년 라이 비엑 닷 쪼
여행 판매 대리점	**đại lý bán lẻ du lịch** 다이 리 반 레 주 리익
계절성	**theo mùa** 태오 무어
보내고 맞이하다	**đưa đón** 드어 돈

상호 존중

베트남 방문 시 몇몇 한국인이 과거 자신의 베트남전 참전 경력을 자랑삼아 이야기하는데, 절대로 해서 안 될 행동이다. 베트남인은 호찌민(Hồ Chí Minh)의 지휘 아래 벌인 미국과의 전쟁에서 세계에서 유일하게 미국을 이긴 사실에 대단한 자부심을 가지고 있다. 베트남전쟁 당시 북베트남에 반대하는 행동을 한 내·외국인에 대해서는 여러 가지 제한이 있는데 베트남전 참전 경력이 있는 외국인의 자녀는 베트남에서 대학입학이 불가능할 정도이다. 그만큼 민감한 부분이기에 조심해야 한다. 베트남인의 자존심이나 감정을 크게 상하게 하는 일이 생기면, 오랜 시간이 지나도 관계 회복이 어렵고 크고 작은 복수를 당할 수도 있다. 특히, 한국인은 베트남인 가사도우미, 종업원 등을 대할 때 자기 아랫사람을 대하는 듯한 태도로 악명이 높아 주의가 필요하다. 베트남인이라는 점을 떠나 인간으로서 인간을 무시하는 언행은 절대로 안 된다.

Nhân viên	안녕하세요. 무엇을 도와 드릴까요? **Chào anh. Em có thể giúp anh việc gì?** 짜오 아잉. 앰 꼬 테 지웁 아잉 비엑 지?
Lim	지금 체크아웃 계산을 하고 싶은데요. **Tôi muốn thanh toán tiền phòng bây giờ.** 또이 무온 타잉 또안 띠엔 퐁 버이 지어.
Nhân viên	성함과 객실 번호를 알려주시겠어요? **Anh vui lòng cho tôi biết tên và số phòng của anh?** 아잉 부이 롱 쪼 또이 비엣 뗀 바 쏘 퐁 꾸어 아잉?
Lim	803호의 임이에요. **Tôi là Lim, phòng 803.** 또이 라 림, 퐁 땀 콩 바.
Nhân viên	네, 손님. 아침에 호텔 룸서비스 이용하셨나요? **Vâng, anh Lim. Sáng nay anh có sử dụng dịch vụ của khách sạn không?** 벙, 아잉 림. 쌍 나이 아잉 꼬 쓰 중 지익 부 꾸어 카익 싼 콩?
Lim	아니요, 나는 어떠한 룸서비스도 이용하지 않았어요. **Không, tôi không dùng dịch vụ nào cả.** 콩, 또이 콩 중 지익 부 나오 까.

Nhân viên	네, 여기 영수증이에요. 총 백만 동 계산하시면 돼요. **Vâng, đây là hóa đơn. Tổng cộng anh phải thanh toán hết 1 triệu đồng.** 벙, 더이 라 호아 던. 똥 꽁 아잉 파이 타잉 또안 헷 못 찌에우 동.
Lim	신용카드로 결제할 수 있어요? **Tôi có thể thanh toán bằng thẻ tín dụng được không?** 또이 꼬 테 타잉 또안 방 태 띤 중 드억 콩?
Nhân viên	물론이죠. 여기에 서명 부탁 드릴게요. **Tất nhiên là được.** **Anh vui lòng ký tên vào đây ạ.** 떳 니엔 라 드억. 아잉 부이 롱 끼 뗀 바오 더이 아.
Lim	아, 네. 4인승 택시 좀 불러 주세요. **Ồ, vâng. Hãy gọi cho tôi một chiếc taxi 4 chỗ.** 오, 벙. 하이 고이 쪼 또이 못 찌엑 딱시 본 쪼.

---

trả phòng 짜 퐁 체크아웃하다	**phải** 파이 ~해야 한다, 오른쪽
giúp 지웁 돕다	**tổng cộng** 總共 똥 꽁 총계
việc 비엑 일	**bằng** 방 ~로
thanh toán 淸算 타잉 또안 계산하다	**tín dụng** 信用 띤 중 신용
vui lòng+동사 부이 롱 ~하시겠습니까?	**taxi 4 chỗ** 딱시 본 쪼 4인승 택시
số 數 쏘 수	

앞서 호텔에서 체크아웃할 때 룸서비스를 전혀 이용하지 않았다는 부정 표현이 나왔다.

Tôi không dùng dịch vụ nào cả.

나는 어떠한 룸서비스도 이용하지 않았어요.

이 문장에서 사용된 부정표현은 〈주어 + khong + 동사 + (một) + 명사 + nào cả〉 구성으로 단순 부정이 아니라 '어떠한 하나도 하지 않았다'는 표현으로 강하게 부정하고 싶을 때 사용하는 표현이다.

Tôi không biết một người nào ở đây.

나는 여기에서 한 사람도 몰라요.

Tôi không nói một lời nào cả.

나는 말 한마디도 안 했어요.

Tôi muốn trả phòng.	체크아웃을 원해요.
Check-out giúp anh bây giờ nhé!	지금 체크아웃해 주세요!
Dạ, phòng của anh số bao nhiêu ạ?	네, 몇 호실입니까?
Giờ làm thủ tục trả phòng là mấy giờ?	체크아웃 시간은 몇 시인가요?
Hình như tôi đã để quên cục sạc điện thoại ở phòng.	방에 전화 충전기를 두고 나온 것 같아요.
Tôi muốn ở thêm một đêm nữa.	하룻밤 더 머무르고 싶어요.
Tôi muốn check-out muộn hơn 3 tiếng, được không?	체크아웃을 3시간 연장하고 싶은데 가능한가요?
Em giữ hành lý này giúp tôi đến 7 giờ tối.	이 수하물을 저녁 7시까지 맡아 주세요.
Sáng nay anh có sử dụng dịch vụ hay ăn uống tại khách sạn không?	오늘 아침에 호텔에서 조식이나 룸서비스를 이용하셨나요?
Tôi không yêu cầu về dịch vụ buồng phòng.	나는 룸서비스를 요청하지 않았어요.
Cô có thể giải thích cái này là gì không?	이게 뭔지 설명해 줄 수 있어요?
Có lẽ có sự nhầm lẫn nào đó.	아마도 오해가 있는 듯 하군요.
Chị có thể kiểm tra lại giúp tôi không?	다시 확인해 줄 수 있어요?
Mọi thứ được tính hết trong hóa đơn rồi chứ?	계산서에 다 포함된 거죠?
Tôi nghĩ trong hóa đơn có chỗ sai đấy.	계산서가 잘못된 거 같은데요.

체크아웃 수속하다	**làm thủ tục trả phòng** 람 투 뚝 짜 퐁
룸서비스	**sử dụng dịch vụ** 쓰 중 지익 부
신용카드	**thẻ tín dụng** 태 띤 중
서명	**ký tên** 끼 뗀
미니바	**quầy bar nhỏ** 꾸어이 바 뇨
조식포함 숙박(B&B)	**phòng trọ bao gồm bữa sáng** 퐁 쪼 바오 곰 브어 쌍
바(주점)	**quầy rượu** 꾸어이 지우
주차장	**bãi đỗ xe** 바이 도 새
게임방	**phòng games** 퐁 게임
헬스장	**phòng thể dục** 퐁 테 죽
호텔 로비	**sảnh khách sạn** 싸잉 카익 싼
리셉션	**quầy lễ tân** 꾸어이 레 떤
레스토랑	**nhà hàng** 냐 항
사우나	**tắm hơi** 땀 허이
도어맨	**nhân viên mở cửa** 년 비엔 머 끄어
포터맨	**người khuân hành lý** 응어이 쿠언 하잉 리
방 열쇠	**chìa khóa phòng** 찌어 코아 퐁
개인수표	**chi phiêu cá nhân** 찌 피에우 까 년
호텔식사	**ăn uống tại khách sạn** 안 우옹 따이 카익 싼
국제전화	**điện thoại quốc tế** (電話國際) 디엔 토아이 꾸옥 떼
풀네임	**họ tên** 호 뗀
영수증	**hóa đơn** 호아 던
10% 추가 정산	**tính thêm 10%** 띠잉 템 므어이 펀 짬

팁 문화

특급 및 일급 호텔의 경우 현금 및 귀중품을 보관해 주며, 2급 이하의 호텔의 경우 현금 및 귀중품은 리셉션에 보관하는 것이 안전하다. 호텔방에 놓아 둔 현금이나 귀중품을 분실하는 경우가 많으므로 주의해야 한다. 특별히 팁을 낼 필요는 없으나 호텔 등에서 벨보이 등에게 서비스를 받거나 청소 서비스가 있을 경우 일반적으로 1달러(2만 동) 정도를 주면 좋다.

4

식당

Nhân viên phục vụ nhà hàng	어서 오세요. 몇 명이 오셨어요? **Xin mời vào. Anh đi mấy người ạ?** 신 머이 바오. 아잉 디 머이 응어이 아?
Lim	4명이요. **Bốn người.** 본 응어이.
Nhân viên phục vụ nhà hàng	여기 앉으세요. **Mời anh ngồi ở đây.** 머이 아잉 응오이 어 더이.
Lim	메뉴판 좀 주세요. 어떤 음식이 제일 맛있어요? **Cho tôi thực đơn nhé.** **Món ăn ngon nhất ở nhà hàng là gì?** 쪼 또이 특 던 내. 몬 안 응온 녓 어 냐 항 라 지?
Nhân viên phục vụ nhà hàng	네, 여기 음식은 모두 맛있어요. **Dạ, ở đây món ăn nào cũng ngon.** 자, 어 더이 몬 안 나오 꿍 응온. 특히 소고기 쌀국수와 분짜가 손님들이 가장 좋아하는 음식이에요. **Đặc biệt phở bò và bún chả là món được khách ưa thích nhất ạ.** 닥 비엣 포 보 바 분짜 라 몬 드억 카익 으어 티익 녓 아.

Lim	그러면 소고기 쌀국수 두 그릇과 분짜 두 그릇을 주세요. 향채(고수)를 넣지 마세요.

Thế cho chúng tôi hai phở bỏ và hai suất bún chả nhé. Không rau thơm nhé.

테 쪼 쭝 또이 하이 포 보 바 하이 쑤엇 분 짜 내. 콩 자우 텀 내.

여기요! 레몬과 고추 좀 더 주세요.

Em ơi! Cho tôi thêm chanh và ớt nữa.

앰 어이! 쪼 또이 템 짜잉 바 엇 느어.

여기요! 계산해 주세요.

Em ơi! Tính tiền nhé.

앰 어이! 띠잉 띠엔 냬.

---

món ăn 몬 안 요리	**đặc biệt** 特別 닷 비엣 특히, 특별한
quán 館 꾸안 가게	**bún chả** 분 짜 분자
cà phê 까 페 커피	**ưa thích** 으어 티익 좋아하다
xin 신 청하다	**suất** 쑤엇 그릇
ngồi 응오이 앉다	**rau thơm(mùi)** 자우 텀(무이) 향채(고수)
thực đơn 食單 특 던 메뉴	**thêm** 템 더, 더하다
nhất 녓 제일의	**sau** 싸우 ~후에
nào cũng 나오 꾸웅 무엇이든지 다	**tính tiền** 띠잉 띠엔 계산하다

소고기 쌀국수

베트남 쌀국수는 한국인도 즐겨 먹는 음식이다. 다양한 쌀국수 중에 '퍼 보 (phở bò)'와 '퍼 가(phở gà)'는 특히 인기가 많은데, 퍼(phở)는 쌀국수, 보 (bò)는 소고기, 가(gà)는 닭고기를 말한다. 퍼 보를 전문으로 하는 식당의 경 우 소고기의 익힘 정도에 따라 소고기를 선택할 수 있다. 곰탕이나 설렁탕에 들어가는 소고기를 내가 선호하는 정도에 따라 선택할 수 있다고 보면 된다. 많이 익힐수록 질길 수 있다. 푹 삶은 소고기는 '찐(chín)', 살짝 익힌 소고기 는 '따이(tái)', 중간 정도 익힌 소고기는 '찌잉(chín)', 푹 삶은 것과 살짝 익힌 것을 함께 먹는 것은 '따이 찐(tái chín)'이라고 하는데 원하는 대로 주문하면 된다. 쌀국수에 작은 파와 고수(Rau thơm) 등이 들어가는데, 향이 다소 강 해 먹기 부담스러우면 "향채를 빼 주세요(Không cho rau mùi)"라고 하면 된다.

Xin vui lòng chờ đến khi được xếp chỗ.	테이블 정리될 때까지 기다려 주시겠어요?
Nhà hàng này có món đặc biệt không?	이 식당에는 특별한 음식이 있어요?
Tôi chọn món này.	이 음식으로 할게요.
Tôi lấy phần giống vậy.	같은 걸로 할게요.
Sẽ mất bao lâu?	얼마나 걸려요?
Món này là món gì?	이 음식은 무슨 음식이에요?
Cho tôi đổi món.	음식 주문을 바꿀게요.
Chúng tôi đang vội.	우린 시간이 급해요.
Anh có muốn uống gì không?	뭐 좀 마시겠어요?
Đây không phải cái tôi đã gọi.	이것은 내가 주문했던 음식이 아닌데요.
Còn gì nữa không ạ?	더 필요하신 건 없어요?
Ở đây có ớt không?	여기에 고추 있어요?
Thế thôi.	아뇨, 그것뿐이에요.
Gói hộ cái này mang về.	이거 가져가게 포장해 주세요.
Tôi nghĩ là hóa đơn có sai sót gì rồi.	내 생각에는 계산이 뭔가 잘못된 거 같은데요.
Chúng tôi trả tiền riêng được không?	우리 따로 계산할까요?
Để tôi trả.	내가 낼게요.

Xin vui lòng chờ đến khi được xếp chỗ. 테이블 정리될 때까지 기다려

조식	**ăn sáng** 안 쌍
중식	**ăn trưa** 안 쯔어
석식	**ăn tối** 안 또이
수프	**súp** 쑵
밥	**cơm** 껌
국	**canh** 까잉
반미(빵)	**bánh mì** 바잉 미
볶음밥	**cơm chiên** 껌 찌엔
소고기 쌀국수	**phở bò** 포 보
닭고기 쌀국수	**phở gà** 포 가
튀긴 월남쌈	**nem rán** 냄 잔
안 튀긴 월남쌈	**gỏi cuốn/chả giò** 고이 꾸온/짜 지오
만두	**bánh bao** 바잉 바오
한국 요리	**món ăn Hàn Quốc** 몬 안 한 꾸옥
소고기	**thịt bò** 팃 보
돼지고기	**thịt lợn** 팃 론
닭고기	**thịt gà** 팃 가
해물요리	**món hải sản** 몬 하이 싼
단	**ngọt** 응옷
짠	**mặn** 만
신	**chua** 쭈어
쓴	**đắng** 당
매운	**cay** 까이
싱거운	**nhạt** 냣
덜 익힌	**tái** 따이
익힌	**chín** 찐

길거리 식당과 찻집

처음에는 현지 음식이 낯설고 한국인 입맛에 맞지 않을 수 있다. 음식에 관해서는 개인차가 아주 크다. 하지만 베트남 문화와 언어를 이해하기 위해서는 현지 음식에 적응하는 것이 좋다. 또한 베트남에 있는 대부분의 한국식당은 베트남 물가에 비해 비싸고 한국 맛집의 맛을 느낄 수 없다. 베트남 식당은 길거리 음식인 Quán cơm, 서민식당인 Quán bình dân, 고급스러운 식당인 Nhà hàng으로 크게 나눌 수 있다. 베트남은 세계 커피 수출 2위국으로서 커피가 대중적이다. 스타벅스와 같은 세계적인 체인점도 있고 하이랜드(Highland)와 같은 현지 커피 체인점도 많다. 베트남 거리 풍경 사진에서 빠지지 않는 것 중 하나인 길거리 찻집인 Quán nước이다. 거리 곳곳에서 목욕탕 의자에 앉아서 차와 해바라기 씨를 먹는 사람을 흔하게 볼 수 있다.

Nhân viên	여보세요. 호아센 레스토랑입니다.

Alô. Nhà hàng Hoa Sen xin nghe ạ.

아로. 냐 항 호아 쌘 신 응헤 아.

Lim

여보세요, 내일 저녁식사를 예약하고 싶은데요.

Alô, cho tôi đặt một bàn cho tối mai nhé.

아로, 쪼 또이 닷 못 반 쪼 또이 마이 내.

Nhân viên

네, 알겠습니다. 1층 좌석을 원하세요, 아니면 2층 좌석을 원하세요?

Dạ, vâng ạ.

Anh muốn ngồi ở tầng 1 hay tầng 2 ạ?

자, 벙 아. 아잉 무온 응오이 어 떵 못 하이 떵 하이 아?

Lim

2층이요. 바깥이 보이는 창문가 좌석으로 해 주세요.

Tầng 2 nhé.

Tôi muốn lấy bàn gần cửa sổ, nhìn ra nhoài ấy.

떵 하이 내. 또이 무온 러이 반 건 끄어 쏘, 닌 자 응오아이 어이.

Nhân viên

손님, 그 좌석은 이미 예약되었네요. 아니면 조용한 내실 좌석으로 하세요.

Anh ơi, bàn đó có người đặt rồi. Hãy anh lấy 1 bàn trong phòng riêng cho yên tĩnh nhé.

아잉 어이, 반 도 꼬 응어이 닷 조이. 하이 아잉 러이 못 반 쫑 퐁 지엥 쪼 이엔띠잉 내.

Lim

어쩔 수 없네요. 근데 에어컨은 있겠죠?

Thôi đành vậy. Mà phòng có điều hòa chứ?

토이 다잉 버이. 마 퐁 꼬 디에우 호아 쯔?

Nhân viên	네, 있습니다. 그러면 몇 시에 오시겠어요?
	Vâng, có ạ. Thế mấy giờ anh tới đến?
	벙, 꼬 아. 테 머이 지어 아잉 또이 덴?

Lim	대략 저녁 6시쯤이요.
	Khoảng 6 giờ tối nhé.
	코앙 싸우 지어 또이 냬.

Nhân viên	네. 손님 더 필요한 게 있으세요?
	Vâng. Anh có cần gì nữa không ạ?
	벙. 아잉 꼬 껀 지 느어 콩 아?

Lim	아니요, 고마워요.
	Không, cám ơn nhé.
	콩, 깜 언 냬.

Nhân viên	감사합니다. 내일 저녁에 뵙겠습니다.
	Vâng, cám ơn anh. Gặp lại anh tối mai nhé.
	벙, 깜 언 아잉. 갑 라이 아잉 또이 마이 냬.

---

xin nghe 신 응해　여보세요	**điều hòa** 調和 디에우 호아　에어컨
gần 건　가까운	**chứ** 쯔　확인을 목적으로 질문
phòng riêng 퐁 지엥　내실	**đành** 다잉　어쩔 수 없이 ~하다
yên tĩnh 安靜 이엔 띠잉　조용한	

식당에서 주문하거나 요청할 때 종업원에게 명령조로 말하는 것보다 다정하고 정감 있는 어투로 말하면 더욱 나은 서비스를 기대할 수 있다. 베트남인은 대화할 때 문장 끝에 'nhé(내)'를 붙여서 대화하는 상대방과 불편한 감정이 생기지 않도록 항상 정감 있게 말하려고 한다.

Cho tôi xem thực đơn nhé.
메뉴 좀 주세요.

Cho anh đặt một bàn cho tối mai nhé.
내일 저녁식사 예약해 주세요.

Khoảng 6 giờ tối nhé.
저녁 6시쯤 부탁해요.

Tôi muốn đặt bàn cho hai người.	두 명 예약하고 싶은데요.
Cho một bàn 2 người.	2명이 앉을 수 있는 테이블 하나요.
Tôi muốn đặt trước bàn cho bữa tối.	저녁식사 예약하고 싶은데요.
Chị có bàn trống nào không?	빈 테이블 있어요?
Hôm nào anh muốn đặt bàn?	언제로 예약하실 건가요?
Anh muốn tới khi nào?	언제 오실 건가요?
Tôi muốn đặt bàn vào ngày 6 tháng 3.	3월 6일에 예약하고 싶은데요.
Mấy giờ anh đến ạ?	몇 시에 오시겠어요?
Khoảng 6 giờ tối.	대략 저녁 6시쯤이요.
Anh có muốn đặt bàn ở vị trí đặc biệt không?	특별한 원하는 좌석 위치가 있어요?
Có, tôi muốn đặt bàn ở trong góc và cần phải yên tĩnh.	네, 구석지고 조용한 곳을 원해요.
Bàn này đã được đặt trước rồi ạ.	이 테이블은 예약이 되었어요.
Nhà hàng này có khu vực hút thuốc chứ?	이 식당에 흡연구역이 있습니까?
Chị có ghế cao cho con nít không?	아이들을 위한 높은 의자가 있어요?

자리 예약	**đặt bàn trước** 닷 반 쯔억
예약된	**đã đặt trước** 다 닷 쯔억
서비스료 기포함	**đã bao gồm dịch vụ** 다 바오 곰 지익 부
서비스료 미포함	**chưa bao gồm dịch vụ** 쯔어 바오 곰 지익 부
애피타이저	**món khai vị** 몬 카이 비
메인요리	**món chính** 몬 찌잉
디저트	**món tráng miệng** 몬 짱 미엥
빈 테이블	**bàn trống** 반 쫑
창문가 자리	**bàn gần cửa sổ** 반 건 끄어 쏘
금연석	**chỗ cấm hút thuốc** 쪼 껌 훗 투옥
흡연석	**chỗ có thể hút thuốc** 쪼 꼬 테 훗 투옥
흡연구역	**khu vực hút thuốc** 쿠 븍 훗 투옥
내실	**phòng riêng** 퐁 지엥
점심식사	**bữa trưa** 브어 쯔어
저녁식사	**bữa tối** 쁘어 또이
가벼운 식사	**bữa ăn nhẹ** 브어 안 내
귀빈(VIP)	**khách quan trọng** 카익 꾸안 쫑
저렴한 방	**phòng giá rẻ** 퐁 지아 재
조용한 방	**phòng yên tĩnh** 퐁 이엔 띠잉
특별요리	**món đặc biệt** (特別) 몬 닥 비엣
귀빈	**quý khách** (貴客) 꾸이 카익

지역별 음식

베트남에는 지역별로 아주 다양한 음식이 있다. 한국인이 즐겨 먹는 음식은 주로 퍼 보, 분짜, 껌장(cơm rang), 반쎄오(bánh xèo), 반미(bánh mì) 등이 있다. 껌장은 볶음밥으로 해산물이 들어간 볶음밥, 소고기와 베트남식 김치와 함께 먹는 볶음밥 등이 있다. 반쎄오는 얇은 반죽에 고기와 채소를 채워 반달 모양으로 구운 부침개, 신선한 허브를 라이스페이퍼에 싸서 느억맘 소스(nước mắm)와 함께 먹는 것이다. 반미는 밀가루 빵이라는 뜻으로 바게트에 구운 고기와 다양한 허브, 상추, 햄, 달걀, 소스 등을 넣어서 만드는데 자신의 취향에 따라 재료를 먹으면 된다.

Lim

너무 덥네요! 에어컨 좀 켜 주세요.

Nóng quá! Anh bật máy điều hòa giúp ạ.

농 꾸아! 아잉 벗 마이 디에우 호아 지웁 아.

Nhân viên

죄송합니다. 에어컨이 고장 났어요.

Xin lỗi anh. Máy điều hòa bị hỏng rồi.

신 로이 아잉. 마이 디에우 호아 비 홍 조이.

시원하게 선풍기를 틀어 드릴게요.

Tôi sẽ bật quạt cho mát anh ạ.

또이 쌔 벗 꾸앗 쪼 맛 아잉 아.

Lim

알았어요! 아메리카노 한 잔과 망고 스무디 한 잔 주세요.

OK! Cho 1 ly cà phê Americano và 1 ly sinh tố xoài nhé.

오케이! 쪼 못 리 까 페 아매리까노 바 못 리 씨잉 또 소아이 내.

Nhân viên

죄송하지만, 우리 가게의 아메리카노가 방금 떨어졌어요.

Xin lỗi, cà phê Americano ở quán chúng tôi mới hết rồi.

신 로이, 까 페 아매리까노 어 꾸안 쭝 또이 머이 헷 조이.

Lim

그래요? 그러면 베트남 얼음 우유커피 한 잔 주세요.

Thế à? Thế cho tôi một cà phê sữa đá nhé.

테 아? 테 쪼 또이 못 까 페 쓰어 다 내.

Nhân viên

네, 알겠습니다. 잠시만 기다려 주세요.

Dạ, vâng ạ. Xin đợi một lát.

자, 벙 아. 신 더이 못 랏.

Lim

여기요! 이제 조금 춥네요. 선풍기 좀 꺼 주세요.

Em ơi! Bây giờ lạnh quá.
Tắt quạt giúp anh nhé.

앰 어이! 버이 지어 라잉 꾸아. 땃 꾸앗 지웁 아잉 내.

여기서 담배 피울 수 있나요?

Ở đây có được hút thuốc không?

어 더이 꼬 드억 훗 투옥 콩?

Nhân viên

어디에서든 가능해요. 여기 재떨이 있습니다.

Đâu cũng được anh ạ. Gạt tàn đây ạ.

더우 꿍 드억 아잉 아. 갓 딴 더이 아.

---

bật 벗　켜다

bị 비　좋지 않은 (수동태)

máy quạt 마이 꾸앗　선풍기

cho mát 쪼 맛　시원하게

sinh tố 씨잉 또　스무디

xoài 소아이　망고

mới 머이　막, 방금

sữa 쓰어　우유

đợi 더이　기다리다

tắt 땃　끄다

hút thuốc 훗 투옥　담배를 피우다, 흡연

đâu cũng 더우 꾸웅　어디든지

gạt tàn 갓 딴　재떨이

베트남은 세계에서 두 번째로 많은 양의 원두를 생산하고 수출하는 만큼 커피 종류도 많고 커피 가격도 한국보다 아주 싸다. 베트남에서 카페에 가면 한국과 다른 방식과 재료를 사용해서 어떤 커피를 시켜야 할지 한참을 고민하게 된다. 커피 전문점 메뉴의 베트남 전통 커피(cà phê truyền thông)는 커피를 1인분씩 끓이는데 작은 컵과 필터 그리고 뚜껑(떨어지는 커피 액을 받는 용도로도 쓰임)으로 구성된 커피추출기 '핀(phin)'을 이용한다. 커피를 제조하는 과정을 음미하면서 여유롭게 마실 수 있다. 우유커피(cà phê sữa)는 한국 사람이 흔히 생각하는 밀크커피가 아니라 연유가 들어간 커피이다. 베트남 커피가 워낙 진하고 쓰기 때문에 베트남인은 단맛이 강한 연유를 넣어서 마신다. 그리고 달걀 커피(cà phê trứng), 요거트 커피(cà phê sữa chua), 땅콩버터(cà phê bơ đậu phộng), 버터(cà phê bơ)가 들어간 커피도 있는데 커피 맛이 고소하고 풍미가 느껴져 이색적인 맛을 느낄 수 있다.

Tôi muốn một ly nước cam ép.	오렌지주스 한 잔으로 할게요.
Cho tôi một tách cà phê sữa đá nhé!	얼음 밀크커피 한 잔 주세요!
Cho tôi bốn chai bia.	맥주 네 병 주세요.
Đừng cho đá.	얼음은 넣지 마세요.
Có ít đá.	얼음 조금만 넣어 주세요.
Cho tôi nhiều đá.	얼음을 많이 주세요.
Anh uống ở đây hay mang về?	여기서 마실 건가요 아니면 가져가실 건가요?
Tôi mang về.	가져갈게요.
Ở đây phục vụ tại bàn hay là khách tự phục vụ?	여기는 테이블 서비스인가요 아니면 셀프 서비스인가요?
Ở đây có đồ ăn vặt không?	여기에 간식 있나요?
Chúc mừng!	건배!
Cho tôi xem hóa đơn.	계산서 좀 보여주세요.
Tôi sẽ thanh toán.	내가 계산할게요.
Chúng ta chia đi.	더치페이 하시죠.
Cứ giữ lại tiền lẻ nhé!	잔돈은 가지세요!

따뜻한 커피	**cà phê nóng** 까 페 농
얼음커피	**cà phê đá** 까 페 다
블랙커피	**cà phê đen** 까 페 덴
밀크커피	**cà phê sữa** 까 페 쓰어
얼음 밀크커피	**cà phê sữa đá** 까 페 쓰어 다
아메리카노	**cà phê Americano** 까 페 아매리까노
카푸치노 커피	**cà phê Cappuccino** 까 페 까푸찌노
인스턴트커피	**cà phê hòa tan** 까 페 호아 딴
스무디	**sinh tố** 씨잉 또
과일주스	**nước trái cây** 느억 짜이 꺼이
과일즙	**nước ép trái cây** 느억 앱 짜이 꺼이
차	**trà/chè** 짜/째
냉차	**trà đá** 짜 다
녹차	**trà xanh** 짜 사잉
콜라	**coca cola** 꼬까 꼬라
물	**nước** 느억
오렌지주스	**nước cam** 느억 깜
맥주	**bia** 비어
술	**rượu** 즈어우
보드카	**rượu vốt-ca** 즈어우 봇 까
와인	**rượu vang** 즈어우 방
양주	**rượu Brandi** 즈어우 브랜디
빨대	**ống hút** 옹 훗

맛집 검색

베트남의 맛집 정보는 여러 웹사이트에서 확인할 수 있다. 그중에서 가장 믿음이 가는 사이트는 '트립어드바이저(tripadvisor)'이다. 영어와 한국어 사이트 모두 있으며, 여러 음식점에 대한 여행자 리뷰를 참고하여 요리, 가격, 위치 등의 조건으로 검색할 수 있다. 아침, 점심, 저녁 식사에 어울리는 식당을 소개하기도 하고 가격별, 음식종류별로 잘 정리된 데다 직접 음식을 먹어 본 여행자의 후기가 잘 정리되어 있어 식당을 선택하는 데 도움이 된다.

5

교통·길

택시 타기
버스 타기
은행가는 길 찾기

CARGO

Tài xế taxi	안녕하세요. **Xin chào.** 신 짜오.
Lim	안녕하세요? 멜리아 호텔로 가 주세요. **Xin chào? Cho tôi đến khách sạn Malia nhé.** 신 짜오? 쪼 또이 덴 카익 싼 마리아 냬.
Tài xế taxi	네, 알겠습니다. **Dạ, vâng ạ.** 자, 벙 아.
Lim	여기서 거기까지 얼마나 걸려요? **Từ đây đến đó mất bao lâu anh?** 뜨 더이 덴 도 멋 바오 러우 아잉?
Tài xế taxi	약 50분쯤 걸려요. **Mất khoảng 50 phút anh ạ.** 멋 코앙 남 므어이 풋 아잉 아.
	(목적지에 도착)
Lim	기사님, 저기에 내려주세요. **Anh ơi, cho tôi xuống kia nhé.** 아잉 어이, 쪼 또이 수옹 끼어 냬.

Tài xế taxi	손님, 이십만 오천 동입니다.
	Anh ơi, 205,000 đồng ạ.
	아잉 어이, 하이 짬 리잉 남 응인 동 아.

Lim	여기요.
	Đây ạ.
	더이 아.

Tài xế taxi	거스름돈 여기 있어요.
	Đây là tiền thối lại ạ.
	더이 라 띠엔 토이 라이 아.

Lim	거스름돈은 가지세요.
	Hãy cầm tiền thối.
	하이 껌 띠엔 토이.

Giao thông 交通 지아 통　교통　　**xuống** 수옹　내리다

đi bằng taxi 디 방 딱시　택시로 가다　　**kia** 끼어　저기

cho tôi đến 쪼 또이 덴　내가 가게 해 주세요　　**tiền thối** 띠엔 토이　거스름돈

nhé 내　대화를 부드럽게 하는 말

그랩 오토바이

베트남에서 외국인의 활용도가 가장 높으며 안전한 대중교통 수단이 택시이다. 베트남 택시는 대부분 무선통신 장비를 갖추었기에 호텔 리셉션에 부탁하거나 전화로 연락하면 5분 이내에 도착한다. 최근에는 '우버(Uber)' '그랩(Grab)' 등의 인기에 힘입어, '비나선(Vinasun, 호찌민 택시업체)' '마일린(Mai Line)'과 같은 대형 택시업체도 모바일 앱을 제공해 여행자가 편하게 이용할 수 있다. 그랩이나 우버는 2016년부터 생겨난 새로운 교통수단이다. 택시와 달리 개인이 자신의 차량으로 기사로 등록해 고객에게 서비스한다. 운임은 택시보다 저렴하고 우버 앱에 자신이 갈 곳을 지정하면 가까이에 있는 우버가 와서 고객을 태운다. 요금이 미리 책정되어 택시처럼 요금을 올리기 위해 돌아가는 일은 없다. 그러나 비가 오거나 이용객 수가 몰리는 점심시간, 출퇴근 시간에는 요금이 평소보다 배로 오르기 때문에 이용하기 전에 항상 운임을 확인하는 것이 좋다.

Xin mời lên xe.	어서 타세요.
Chị muốn đi đâu ạ?	어디 가세요?
Anh đưa tôi đến địa chỉ này.	여기 주소로 가 주세요.
Anh có biết địa chỉ này ở đâu không?	이 주소가 어딘지 아세요?
Đường tắc quá nhỉ?	길이 많이 막히네요?
Vì là giờ cao điểm nên tắc đường đấy.	출퇴근 시간이라서 길이 막혀요.
Chị sẽ xuống đâu ạ?	어디서 내려요?
Cho tôi dừng ở đây.	여기에 세워 주세요.
Làm ơn đi chậm lại một chút.	조금 천천히 가 주세요.
Làm ơn đi nhanh hơn một chút.	조금 빨리 가 주세요.
Mở giúp tôi thùng xe được không?	트렁크 좀 열어 줄 수 있어요?
Nóng(Lạnh) quá!	더워요(추워요)!
Làm ơn bật(tắt) điều hòa cho tôi với.	에어컨 좀 켜(꺼)주세요.
Hãy rẽ phải(trái) ở chỗ kia!	저기서 우회전(좌회전) 하세요!
Cứ đi thẳng phía trước, rồi rẽ trái ở ngã tư.	앞으로 계속 직진하다가, 사거리에서 좌회전하세요.
Tiền xe là bao nhiêu?	요금이 얼마예요?
Anh không cần thối lại tiền đâu.	거스름돈은 줄 필요 없어요.
Anh gọi taxi 4 chỗ cho tôi nhé!	4인승 택시 좀 불러 주시겠어요!

자동차	**ô tô** 오 또
오토바이	**xe máy** 새 마이
트럭	**xe tải** 새 따이
자전거	**xe đạp** 새 답
기차	**xe lửa** 새 르어
택시	**taxi** 딱시
4인용 택시(경차)	**taxi 4 chỗ** 딱시 본 쪼
5인용 택시(트렁크 있는 차량)	**taxi 5 chỗ** 딱시 남 쪼
7인용 택시	**taxi 7 chỗ** 딱시 바이 쪼
우버 택시	**taxi Uber** 딱시 우버
새옴(오토바이)	**xe ôm** 새 옴
직행버스	**xe buýt chạy thẳng** 새 부잇 짜이 탕
시내버스	**xe buýt nội thành** 새 부잇 노이 타잉
시외버스	**xe buýt chạy ra ngoại thành** 새 부잇 짜이 자 응오아이 타잉
고속버스	**xe buýt cao tốc** 새 부잇 까오 똑
여행 침대버스	**xe du lịch giường nằm** 새 주 리익 지으엉 남
스쿨버스	**xe buýt đưa đón học sinh** 새 부잇 드어 돈 혹 씨잉
버스노선	**tuyến đường xe buýt chạy** 뚜이엔 드엉 새 부잇 짜이
여객 버스터미널	**bến xe khách** 벤 새 카익
버스 월 이용표	**vé xe buýt tháng** 배 새 부잇 탕
택시운임표	**bảng giá cước** 방 지아 끄억
요금	**giá tiền** 지아 띠엔
1회에 7천 동(버스 요금)	**7,000 vnd/lượt** 버이 응힌 비엣남동 못 르엇

오토바이

베트남의 교통문화의 큰 특징은 오토바이이다. 거의 모든 가정이 오토바이를 보유하고, 자가용이 있는 가정에서도 가까운 거리를 오가거나 출퇴근할 때는 오토바이를 이용한다. 베트남인이 오토바이를 애용하는 이유는 경제적 여건, 주차 공간 제한, 무더운 날씨, 대중교통(주로 버스)의 불편함이 있기 때문이다. 근래에는 한국인을 포함한 외국인의 오토바이 이용이 점점 증가하고 있다. 베트남의 도로는 시속 40km로 속도를 제한하고 있다. 고속도로나 대로에서는 시속 80km이상 속도를 허용하는 곳도 있으나, 오토바이 안전이나 교통사고 위험을 줄이기 위해 한국의 도로에서처럼 속력을 내면서 다니는 경우는 거의 없다. 도로에서 역주행하거나 신호를 지키지 않는 차량이 대부분이다. 인도와 차로의 경계가 없이 인도로 다니는 오토바이도 많으므로 도보로 횡단할 때는 전 방향을 주시하고 조심해야 한다.

Lim

이 버스가 멜리아 호텔로 가요?

Xe buýt này đi đến khách sạn Melia không?

새 부잇 나이 디 덴 카익 싼 메리아 콩?

Nhân viên phục vụ xe buýt

아니요, 86번 버스 타세요.

Không, anh đi lên xe buýt số 86.

콩, 아잉 디 렌 새 부잇 쏘 땀 므어이 싸우.

Lim

고맙습니다.

Cám ơn anh.

깜 언 아잉.

(86번 버스를 찾아…)

Lim

이 버스는 멜리아 호텔로 가요?

Xe buýt này đi đến khách sạn Melia không?

새 부잇 나이 디 덴 카익 싼 메리아 콩?

Nhân viên phục vụ xe buýt

네, 3만 동입니다.

Vâng, ba mươi nghìn đồng.

벙, 바 므어이 응힌 동.

Lim

여기요. 멜리아에 도착하면 제게 알려 주세요.

Dạ, đây.
Khi nào đến Melia thì cho tôi biết nhé.

자, 더이. 키 나오 덴 매리아 티 쪼 또이 비엣 냬.

Nhân viên phục vụ xe buýt	알겠습니다. **OK.** 오케이.
Lim	고맙습니다. **Cảm ơn anh.** 깜 언 아잉.
Nhân viên phục vụ xe buýt	손님! 거의 다 왔어요. **Anh ơi! Sắp đến rồi ạ.** 아잉 어이! 쌉 덴 조이 아.
Lim	고맙습니다. **Cảm ơn anh.** 깜 언 아잉.

---

này 나이 이것, 이 사람
đi lên 디 렌 올라타다
số 數 쏘 수, 번호

khi nào ... thì ... 키 나오 티 ~일 때 ~ 그러면
biết 別 비엣 알다

버스 안내 직원

베트남의 대중교통은 한국처럼 발달하지 못했다. 과거에는 낙후된 차량과 오토바이 보급의 증가로 시내버스 이용률이 아주 낮았으나, 2004년 이후 버스를 교체하고 이용객의 편의에 맞춰 노선을 조정하며 이용객 수가 계속 증가하고 있다. 운행 시간은 AM 5:00~PM 10:00이다. 배차시간은 약 20~30분 정도이다. 버스 승하차 시 앞, 뒷문 모두 이용한다. 버스비를 받고, 안내하는 직원(Nhân viên phục vụ)이 있다. 휴대전화에서 구글 지도 앱이나 'timbus.vn' 홈페이지 등을 이용하면 현재 위치에서 목적지까지 도보 이동로, 버스노선, 소요시간 등을 한 눈에 볼 수 있다.

Đi đến bến xe buýt có xa không?	버스정류장까지 멀어요?
Ở gần đây có bến xe buýt không?	여기 근처에 버스정류장이 있어요?
Xe buýt này đi Hồ Hoàn kiếm, phải không?	이 버스가 호안끼엠 호수에 가요?
Dạ vâng. Mời chị lên xe.	네 그렇습니다. 어서 타세요.
Mấy giờ xuất phát ạ?	몇 시에 출발해요?
Xuất phát vào các giờ đúng.	매 정시에 출발해요.
Nếu muốn đến Mỹ đình thì tôi phải xuống ở trạm nào?	만약에 미딩에 가려면 어느 정류장에서 내려야 하나요?
2 trạm nữa.	두 정거장 남았어요.
Hãy xuống ở trạm xe buýt tiếp theo.	다음 정거장에서 내리세요.
Tôi lên nhầm xe rồi. Xin lỗi, cho tôi xuống.	버스를 잘못 탔어요. 미안하지만 내려주세요.
Hãy qua đường rồi lên xe buýt số 29.	길을 건너서 29번 버스 타세요.
Xin cho tôi xuống ở đây.	여기서 내려주세요.
Anh ơi, xin mở cửa xuống giúp tôi!	아저씨, 하차 문 좀 열어주세요!
Tàu hỏa này đi Sài Gòn, phải không?	이 열차는 사이공 행이에요?
Đến ga Sài Gòn mất bao lâu?	사이공역까지 얼마나 걸려요?
Ở đây là ga nào?	여기는 무슨 역이예요?

중고차	**ô tô cũ** 오또꾸
운전사	**lái xe** 라이 새
운전면허증	**bằng lái xe** 방 라이 새
오토매틱 차	**xe tự động** 새 뜨 동
속도	**tốc độ** 똑 도
주유	**đổ xăng** 도 상
주유소	**trạm xăng dầu** 짬 상 저우
세차장	**nơi rửa xe** 너이 즈어 새
교통경찰	**cảnh sát giao thông**(CSGT) 까잉 쌋 지아 통
교통체증	**tắc đường** 딱 드엉
교통사고	**tai nạn giao thông** 따이 난 지아 통
주차위반 딱지	**giấy phạt vi phạm xe** 지어이 팟 비 팜 새
교통위반	**bị phạt giao thông** 비 팟 지아 통
표 판매소	**phòng bán vé** 퐁 반 베
버스정류소	**điểm dừng xe buýt** 디엠 증 새 부잇
버스정류장	**trạm xe buýt** 짬 새 부잇
노선	**tuyến** 뚜이엔
빈 좌석	**ghế trống** 게 쫑
표 검사	**kiểm tra vé** 끼엠 짜 베

투어 버스

베트남에서 도시 간 장거리 여행에 이용할 수 있는 버스는 일반 시외버스와 여행사의 오픈 투어 버스(Open tour bus)가 있다. 일반 시외버스는 낡고 시간도 오래 걸려서 장거리 이동 시 불편하다. 베트남 전역에서 'Open Tour' 'Open Date Ticket' 'Open Ticket'이라는 광고를 볼 수 있는데 저렴한 비용으로 여행하려는 외국인을 대상으로 제공된다. 버스에는 에어컨이 있고 호찌민과 하노이 사이를 운행하며 이용자는 도중에 주요 도시에서 타고 내릴 수 있다. 경쟁 과열로 요금이 많이 내려갔으며 저렴한 교통수단이 되었다. 그런데 정해진 노선이 아니라 이용자들이 내리고자 하는 목적지를 자유롭게 선택할 경우에는 요금이 올라간다. 오픈 투어 버스를 이용하는 베트남인들은 드물게 있으며 베트남인과의 교류를 원한다면 오픈 투어는 이상적인 방법이 아니다.

Lim

저기요! 신한은행이 어디에 있어요?

Chị ơi!

Cho tôi hỏi ngân hàng Shinhan ở đâu ạ?

찌 어이! 쪼 또이 호이 응언 항 씬한 어 더우 아?

Người đi bộ

시나 식당이요?

Nhà hàng Sina hả?

냐 항 씨나 하?

Lim

아니요. 은행이요, 신한은행이요.

Không. Ngân hàng, ngân hàng Shinhan.

콩. 응언 항, 응언 항 씬한.

신한은행이 어디에 있어요?

Ngân hàng Shinhan ở đâu ạ?

응언 항 씬한 어 더우 아?

Người đi bộ

아, 신한은행이요?

À, ngân hàng Shinhan hả?

아, 응언 항 씬한 하?

Lim

맞아요.

Đúng rồi.

둥 조이.

Người đi bộ	대략 200미터 쭉 가서 사거리에서 오른쪽으로 도세요.

Anh đi thẳng khoảng 200 mét đến ngã tư rẽ phải.

아잉 디 탕 코앙 하이 짬 맷 덴 응아 뜨 재 파이.

100미터쯤 더 가면 오른쪽에 신한은행이 있어요.

Đi thẳng khoảng 100 mét nũa, ngân hàng Shinhan ở bên trái.

디 탕 코앙 못 짬 맷 느어, 응언 항 씬한 어 벤 짜이.

Lim	고맙습니다.

Cám ơn chị.

깜 언 찌.

đường 드엉　길, 도로, 설탕　　**mét** 맷　미터
hả 하　친밀함을 나타내는 의문사　　**ngã tư** 응아 뜨　사거리
đúng 둥　옳은　　**rẽ** 재　돌다
thẳng 탕　직선의

베트남 주소는 한국과는 반대로 작은 단위가 제일 앞에 온다.
거리는 ngách < ngõ < phố < đường 순이다.

Ngõ 175 Xuân Thủy, Làng Vòng, Dịch Vọng, Cầu giấy, Hà Nội
수언 투이 175번지 봉 마을, 지익 봉가, 꺼우져이군(郡), 하노이 시

CH100-110, Khu đô thị Splendora Bắc An Khánh, xã An Khánh, huyện Hoài Đức, thành phố Hà Nội
100동 110호, 스플랜도라 도시구역 북 안카잉, 안카잉 동, 호아이 득 구, 하노이 시

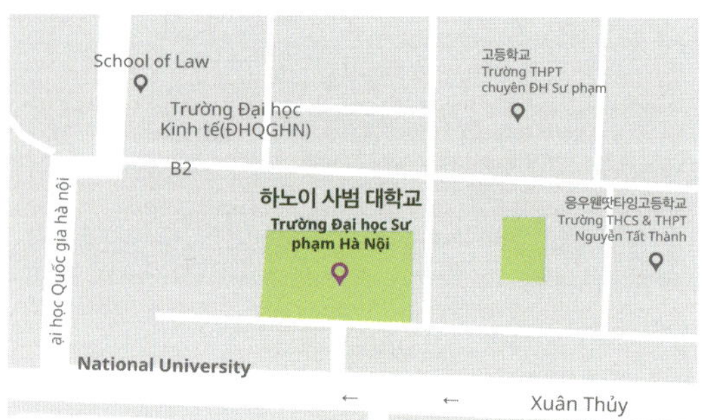

Trường Đại học Sư phạm Hà Nội
Địa chỉ: 136 Xuân Thủy - Cầu Giấy - Hà Nội

하노이 사범대학교
주소: 136번지 수언 투이 꺼우 쪄이군 하노이 시

Cho tôi hỏi hiệu sách Tiền phong ở đâu ạ?	띠엔 서점이 어디 있는지 여쭤 볼게요.
Anh có biết bưu điện ở đâu không?	은행이 어딘지 아세요?
Anh có thể chỉ cho tôi đường đến khách sạn Daewoo không?	대우호텔로 가는 길을 알려줄 수 있어요?
Anh đi theo phố này độ 100 mét.	이 거리를 따라서 약 100m 가세요.
Sau đó khi gặp ngã ba thì rẽ trái.	그 후에 삼거리를 만나면 왼쪽으로 도세요.
Ở đằng kia.	바로 저기예요.
Anh đi thẳng đến ngã tư thì rẽ phải.	직진해서 사거리까지 가서 왼쪽으로 도세요.
Sau đó, anh đi tiếp độ 100 mét nữa thì sẽ thấy hiệu sách ở bên phải.	그 후에, 100m쯤 더 계속 직진하면 오른편에 서점을 볼 수 있을 거예요.
Chỗ đó cách đây bao xa?	거기까지 거리는 얼마나 돼요?
Chỗ đó có xa không?	거기까지 멀어요?
Không xa lắm. Cách đây khoảng 200 mét thôi.	아니요. 여기서부터 약 200미터밖에 안 돼요.
Đây có phải là đường đi Hồ Tây không?	여기가 서호 가는 길이 맞아요?
Đi thẳng đường Phạm hùng.	팜흥 도로를 따라 직진하세요.
Hiệu thuốc ở đối diện nhà thờ.	약국은 성당 맞은편에 있어요.
Đi qua cầu.	다리를 건너세요.
Anh đang đi sai đường rồi.	길을 잘못 오셨네요.
Đường này gọi là gì?	이 거리는 이름이 뭐예요?

안	**trong** 쫑
밖	**ngoài** 응오아이
사이	**giữa** 지으어
위	**trên** 쩬
아래	**dưới** 즈어이
바닥	**sàn** 싼
앞	**trước** 쯔억
뒤	**sau** 싸우
옆	**cạnh** 까잉
오른쪽	**phải** 파이
왼쪽	**trái** 짜이
동	**đông**(東) 동
서	**tây**(西) 떠이
남	**nam**(南) 남
북	**bắc**(北) 박
방향	**phía** 피어
쪽	**bên** 벤
삼거리	**ngã ba** 응아 바
횡단보도	**lối sang đường** 로이 쌍 드엉
신호등	**đèn tín hiệu** 댄 띤 히에우
직진하다	**đi thẳng** 디 탕
후진하다	**lùi lại** 루이 라이
우회전하다	**rẽ phải** 재 파이
좌회전하다	**rẽ trái** 재 짜이
유턴하다	**quay đầu** 꾸아이 더우
멈추다	**dừng lại** 증 라이

한국 자동차

베트남에서 한국산 차량은 안정적인 품질로 베트남 내 입지가 확대되었고 한국산에 대한 수입관세 인하로 가격경쟁력이 향상되었다. 자동차 가격은 2016년 버전 현대 i20 액티브 모델은 약 6억 6백만 동이며 일본산 중형승용차 도요타 Vios 1.5G, CVT 모델은 약 6억 2천 2백만 동, 원화로 약 2천 9백만 원가량이다. 무연 휘발유 가격은 1L당 약 18,060동, 원화로 900원 정도이며 한국보다 저렴하다.

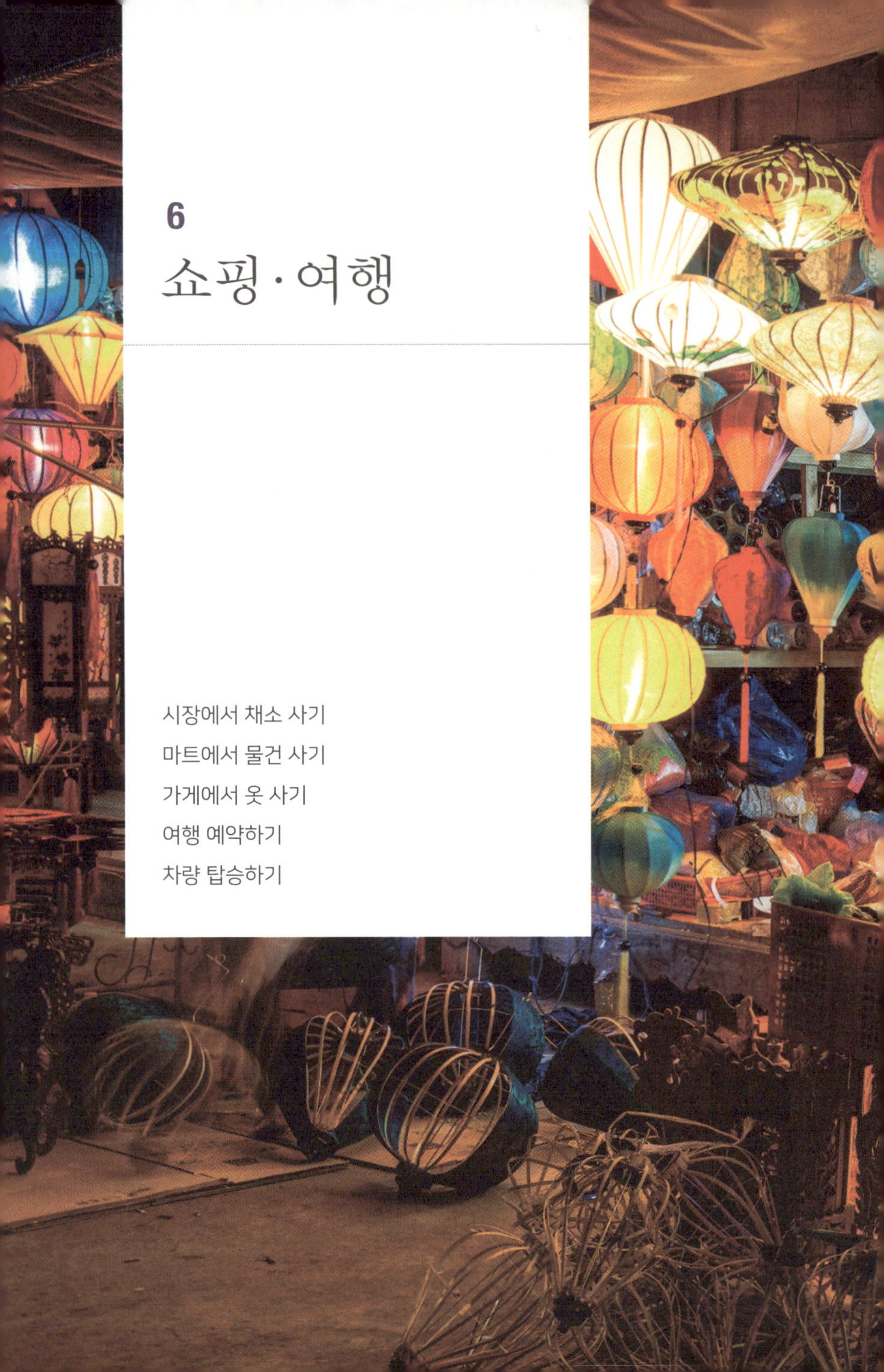

6

쇼핑·여행

Lim

고구마 1킬로에 얼마예요?

Khoai lang này bao nhiêu một cân chị?

코아이 랑 나이 바오 니에우 못 껀 찌?

Người bán

1킬로에 2만 5천 동이요. 싸고 맛있어요.

Hai lăm nghìn một cân thôi. Vừa rẻ vừa ngon.

하이 람 응힌 못 껀 토이. 브어 재 브어 응온.

Lim

조금 비싸네요. 만오천 동에 돼요?

Hơi đắt nhỉ. Mười lăm nghìn, được không?

허이 닷 니. 므어이 람 응힌, 드억 콩?

Người bán

오 이런! 안 돼요! 비싸게 부르는 게 아니에요!

Ôi giời ơi! Không được!
Tôi không nói thách đâu!

오이 지어이 어이! 콩 드억! 또이 콩 노이 타익 더우!

Lim

저기는 단 이만 동이던데요! 깎아줄 수 있어요?

Bên kia chỉ hai mươi nghìn thôi chị!
Giảm giá cho tôi được không, chị?

벤 끼어 찌 하이 므어이 응힌 토이 찌! 지암 지아 쪼 또이 드억 콩, 찌?

Người bán

오! 진짜요? 그러면 그렇게 하죠! 첫 판매입니다. 몇 킬로로 드려요?

Ô kìa! Thật à? Thôi được! Tôi bán mở hàng cho anh. Anh mua mấy cân?

오 끼어! 텃 아? 토이 드억! 또이 반 머 항 쪼 아잉. 아잉 무어 머이 껀?

Lim	그러면 2킬로 주세요. 이 감자는 어떻게 해요? **Thế cho tôi hai cân nhé.** **Khoai tây này thế nào chị?** 테 쪼 또이 하이 껀 냬. 코아이 떠이 나이 테 나오 찌?
Người bán	1킬로에 이만 동이요. **Hai mươi nghìn một cân đấy.** 하이 므어이 응힌 못 껀 더이.
Lim	2킬로 주세요. 그럼 총 얼마예요? **Cho tôi hai cân nhé. Thế tổng bao nhiêu chị?** 쪼 또이 하이 껀 냬. 테 똥 바오 니에우 찌?
Người bán	총 9만 동이요. **Của anh hết là chín chục.** 꾸어 아잉 헷 라 찐 쭉.

---

mua sắm 무어 쌈	쇼핑하다		**hơi đắt** 허이 닷	조금 비싼
chợ 쪼	시장		**đắt** 닷	비싼
khoai lang 코아이 랑	고구마		**không ... đâu** 콩 더우	전혀 ~ 아니다
mở hàng 머 항	개시하다		**nói thách** 노이 타익	가격을 높게 말하다
cân 斤 껀	킬로그램, 저울, 무게를 달다		**chỉ ... thôi** 찌 토이	단지 ~뿐 이다
vừa ... vừa ... 브어 브어			**giảm giá** 지암 지아	가격을 낮추다, 할인
	~이기도 하고 ~이기도 하다		**khoai tây** 코아이 떠이	감자
thôi 토이	다만, 단지			
rẻ 재	싼			

하노이 재래시장

베트남 시장이나 상점을 가면 외국인이라고 알아채는 순간 정가매장이 아닌 이상 베트남인보다 가격을 세 배 이상 높게 부른다. 특히 관광객이 많이 가는 유명 관광지인 경우는 더욱 심하다. 한국인은 세 배 이상의 가격을 불러도 한국 물가보다 싼 가격이므로 처음 베트남을 방문한 여행자는 바가지요금에 당할 수밖에 없다. 종업원이 가격을 말하면 너무 비싸다 'đắt quá(닷 꽈아)'라고 말한다. 종업원이 조금 내린 가격을 말하면 저기 다른 가게는 절반 이상 낮은 가격으로 판다고 말한다. 'Cửa hàng kia 300,000đông thôi(저쪽에 가게는 30만동 하던데요)' 종업원이 안 된다고 말하면 가게를 나오는 시늉을 한다. 이렇게 하면 거의 대부분 가게의 종업원은 손님이 원하는 가격으로 사라면서 다시 오라고 손짓한다. 베트남에서 물건을 구입할 때는 가격을 절반 이상으로 낮춰 부르고 흥정을 잘해야 한다.

Cái này bao nhiêu tiền ạ?	이거 얼마예요?
1 củ cải giá bao nhiêu ạ?	무 한 개에 얼마예요?
Gía 10,000 đồng.	만 동이요.
Tất cả hết 90,000 đồng.	모두 구만 동이에요.
Chị muốn mua gì?	뭘 드릴까요?
Cho tôi 1 con cá này.	이 생선 한 마리 주세요.
Tôi muốn mua 1 cân thịt bò.	소고기 1kg 사고 싶어요.
Tôi muốn mua hai cân khoai tây và nửa cân cà chua.	감자 2kg과 토마토 500g 사고 싶어요.
Làm ơn bán rẻ cho tôi.	싸게 해 주세요.
Đắt quá, làm ơn giảm giá cho tôi.	너무 비싸요, 깎아 주세요.
Rẻ hơn chút nữa đi ạ.	조금 더 깎아 주세요.
Rẻ bớt chút đi.	조금 더 싸게 해주세요.
Không thể rẻ hơn được nữa.	더 싸게는 안 돼요.
Còn mua gì nữa không?	뭔가 더 사야 할 게 있어요?
Cá hôm nay rất tươi.	오늘 생선은 매우 신선해요.

채소	**rau củ quả** 자우 꾸 꾸아
마늘	**tỏi** 또이
파	**hành** 하잉
양파	**hành tây** 하잉 떠이
상추	**rau xà lách** 자우 사 라익
쌀	**gạo** 가오
찹쌀	**gạo nếp** 가오 넵
토마토	**cà chua** 까 쭈어
오이	**dưa chuột** 즈어 쭈옷
버섯	**nấm** 넘
고추	**ớt** 엇
콩나물	**giá đỗ tương** 지아 도 뜨엉
두부	**đâu phụ** 더우 푸
배추	**cải thảo** 까이 타오
양배추	**bắp cải tròn** 밥 까이 쫀
콜리플라워	**bông cải** 봉 까이
무	**cải** 까이
당근	**cà rốt** 까 좃
과일	**hoa quả** 호아 꾸아
망고스틴	**măng cụt** 망 꾿
아보카도	**quả bơ** 꾸아 버
파인애플	**dứa** 즈어
레몬	**chanh** 짜잉
자몽	**bưởi** 브어이
오렌지	**cam** 깜
귤	**quýt** 꾸잇

물가

베트남에서 생산되는 채소, 과일, 쌀, 육류, 어류, 옷, 신발, 커피 등은 매우 저렴하다. 그러나 중국을 제외한 외국에서 수입하는 전자제품, 자동차, 통신기기, 화장품, 식품 등은 한국보다 비싸다. 베트남인 많이 이용하는 재래시장, 옷가게 등은 저렴한데 외국인이 많이 이용하는 대형 고급 쇼핑몰, 백화점 등은 한국과 비슷하거나 같은 상품이라도 한국보다 비싸게 판매한다. 베트남의 주요 물품들에 대한 기준 가격은 대략 다음과 같다.

쌀	1kg	28,000~38,000동	달걀	10개	25,000~35,000동
쇠고기	1kg	210,000동	돼지고기 등심	1kg	65,000~85,000동
우유	1L	35,000~45,000동	식용유	1L	47,500동
생수	1.5L	11,000동	하노이 맥주	1캔	7,000동~15,000동
담배	1갑	25,000동	햄버거 세트	롯데리아	65,000동
김치찌개	1인분	140,000동	쌀국수	1그릇	35,000~55,000동

Lim	회원카드 만들고 싶은데요. **Tôi muốn làm thẻ hội viên.** 또이 무온 람 태 호이 비엔.
Nhân viên	이 양식을 채워 써 주세요. **Anh điền vào mẫu này nhé.** 아잉 디엔 바오 머우 나이 내.
Lim	여기요! 이 카드를 만들면 어떤 장점이 있어요? **Đây! Dùng thẻ có tốt hơn không dùng thẻ không?** 더이! 중 태 꼬 똣 헌 콩 중 테 콩?
Nhân viên	있고말고요! 회원카드가 있으면 할인돼요. **Có chứ! Nếu có thẻ hội viên sẽ được giảm giá.** 꼬 쯔! 네우 꼬 태 호이 비엔 쌔 드억 지암 지아.
	(계산대에서…)
Nhân viên	빅씨 회원카드 있으세요? **Anh có thẻ Big C không?** 아잉 꼬 태 빅 시 콩?
Lim	있어요. 여기요. **Có. đây.** 꼬. 더이.

Nhân viên

총 구십일만 동입니다. 배달하실 건가요?

Tổng là chín trăm mười nghìn.

Anh có muốn giao hàng không?

똥 라 찐 짬 므어이 응힌. 아잉 꼬 무온 지아오 항 콩?

Lim

아니요, 직접 가져갈게요.

Không, tôi sẽ tự mang về.

콩, 또이 쌔 뜨 망 베.

---

hàng hóa 行貨 항 호아　상품
siêu thị 씨에우 티　슈퍼마켓
hội viên 會員 호이 비엔　회원
điền 디엔　써 넣다
mẫu 母 모우　모델, 양식
dùng 중　사용하다

khi 키　~일 때
sau khi 싸우 키　~한 뒤
giao hàng 交行 지아오 항　배달하다
tự 自 뜨　스스로
mang về 망 베　가지고 가다

하노이 쭝화에 위치한 한국 마트

베트남에서 흔히 볼 수 있는 현지 대형마트는 Big C와 Vin mart이다. 베트남에 진출한 롯데마트, 한국인 고객을 위한 K-market도 있다. 회원으로 가입하면 구매한 금액만큼 일정비율로 포인트가 쌓이고 적립금을 사용해 할인받거나 품목에 따라 행사가 있으면 더 할인받을 수 있다. K-market은 한국에서 파는 대부분의 상품이 있고, 베트남 현지 상품도 판매한다. 한국의 라면, 음료수, 과자, 아이스크림, 냉동식품이 그립거나, 우리말 서비스가 필요할 때 이용하면 좋다. 하지만 가격이 조금 비싸다는 단점이 있다.

🎧 6-4.mp3

Tôi đang tìm dầu gội đầu.	샴푸를 찾는데요.
Chị có thể cho tôi biết sữa ở đâu không?	우유가 어디 있는지 알려 주시겠어요?
Tôi có thể tìm thấy kem đánh răng ở đâu?	치약은 어디서 찾을 수 있을까요?
Chị có cái nào rẻ hơn không?	이것보다 저렴한 게 있어요?
Đó không phải thứ tôi đang tìm.	제가 찾는 것이 아닌데요.
Chị có đang xếp hàng không?	줄을 선 거예요?
Xin mời người tiếp theo!	다음 분이요!
Chị có nhận thanh toán bằng thẻ tín dụng không?	신용카드로 결제돼요?
Tôi sẽ trả tiền mặt.	현금으로 지불할게요.
Tôi sẽ trả bằng thẻ.	카드로 지불할게요.
Cho tôi xin giấy biên nhận được không?	영수증 줄 수 있어요?
Chị có thể gói món quà này lại giúp tôi được không?	이 선물 포장해 줄 수 있어요?
Anh có cần lấy túi ni lông không?	비닐봉지 필요하세요?
Tôi muốn trả lại cái này.	이거 환불하고 싶어요.

문을 열다	**mở cửa** 머 끄어
문을 닫다	**đóng cửa** 동 끄어
24시간 영업	**mở cửa 24 giờ trong ngày** 머 끄어 하이 므어이 본 지어 쫑 응아이
특별 우대	**ưu đãi đặc biệt** 으우 다이 닥 비엣
재고정리 할인판매	**giảm giá bán nốt hàng cũ** 지암 지아 반 놋 항 꾸
점포정리 할인	**giảm giá để đóng tiệm** 지암 지아 데 동 띠엠
저렴한 고품질 상품	**giá rẻ cho hàng chất lượng cao** 지아 재 쪼 항 쩟 르엉 까오
1+1(1개 구매 시 1개 증정)	**mua một tặng một** 무어 못 땅 못
반값	**giảm giá một nửa** 지암 지아 못 느어
점심 휴식	**nghỉ ăn trưa** 응히 안 쯔어
치수	**cỡ** 꺼
한 켤레 신발	**đôi giày** 도이 지아이
색	**màu** 마우
해보다	**thử xem** 트 쌤
사이즈가 꼭 맞은	**vừa khít** 브어 킷
질	**chất lượng**(質) 쩟 르엉
계산대	**quầy thu ngân** 꾸어이 투 응언
사용기한, 유통기간	**hạn sử dụng** 한 쓰 중

롱비엔 도매시장

하노이 롱비엔(Chợ Long Biên) 도매시장은 하노이 바딘(Ba Đinh)구, 롱비엔 다리 밑에 있다. 매일 밤 10시부터 다음날 새벽 5시까지 문을 연다. 롱비엔은 하노이와 북부지방으로 농산품을 제공하는 가장 큰 도매시장이다. 물건을 구경하고 쇼핑하는 것뿐만 아니라 롱비엔 다리 위 높은 곳에서 시장을 내려다보면 활기찬 시장의 모습을 보고 소리를 들을 수 있다. 베트남의 이색적인 현지 문화를 체험하기 원하는 여행자라면 한 번쯤 가볼 만한 시장이다.

Cha

이 원피스 입어 봐도 돼요? 탈의실은 어디예요?

Tôi mặc thử áo liền váy này được không? Phòng thử ở đâu?

또이 막 트 아오 리엔 바이 나이 드억 콩? 퐁 트 어 더우?

Nhân viên của hàng

네, 저기 있어요.

Dạ, ở đằng kia.

자, 어 당 끼어.

Cha

이 옷은 좀 커요. 이것보다 한 치수 작은 것으로 주세요.

Áo này hơi rộng.

Làm ơn cho tôi cái nhỏ hơn một số.

아오 나이 허이 종. 람 언 쪼 또이 까이 뇨 헌 못 쏘.

이 원피스에 어울리는 모자와 샌들이 있어요?

Có mũ và xăng đan phù hợp với áo này không?

꼬 무 바 상 단 푸 헙 버이 아오 나이 콩?

Nhân viên của hàng

손님, 이 모자와 샌들이 이 원피스에 제일 어울려요.

Chị ơi, mũ và xăng đan này phù hợp nhất.

찌 어이, 무 바 상 단 나이 푸 헙 녓.

이것은 올해 신상품이에요. 신어 보세요.

Đây là mốt của năm nay đấy ạ. Chị thử xem.

더이 라 못 꾸어 남 나이 더이 아. 찌 트 샘.

Cha

모두 얼마예요?

Tổng là bao nhiêu tiền ạ?

똥 라 바오 니에우 띠엔 아?

Nhân viên của hàng	이 원피스는 50만 동, 이 모자는 30만 동, 이 샌들은 40만 동입니다. 모두 120만 동입니다. **Áo này năm trăm, mũ này ba trăm, giày này bốn trăm. Tất cả là một triệu hai trăm ạ.** 아오 나이 짬, 무 나이 바 짬, 지아이 나이 본 짬. 떳 까 라 못 찌에우 하이 짬 아.
Cha	그럼 100만 동으로 되나요? **Thế một triệu được không?** 테 못 찌에우 드억 콩?
Nhân viên của hàng	할인은 안 됩니다! 여기는 정가로 판매합니다. 이해해 주세요. **Không giảm được chị ạ! Ở đây không mặc cả. Chị thông cảm cho em.** 콩 지암 드억 찌 아! 어 더이 콩 막 까. 찌 통 깜 쪼 앰. 하지만 만약 현금으로 결제하시면 10% 할인돼요. **Nhưng nếu chị trả bằng tiền mặt thì được giảm giá 10%.** 늉 네우 찌 짜 방 띠엔 맛 티 드억 지암 지아 므어이 펀 짬.

---

cửa hàng 끄어 항 가게	**rộng** 종 넓은
동사+**đã** 다 먼저 ~하고	**nhỏ** 뇨 작은
mặc 막 입다	**hơn** 헌 ~보다
thử 트 해보다	**phù hợp** 符合 푸 헙 부합하는
phòng thử 퐁 트 탈의실	**đội** 도이 (모자 따위를) 쓰다

베트남과 한국의 옷 사이즈는 부르는 명칭이 비슷하지만 실제 사이는 차이가 있다. 그래서 베트남에서 현지인이 주로 다니는 옷가게를 가면 베트남인을 기준으로 규격화된 사이즈 때문에 평소처럼 옷을 골라서는 낭패를 본다. 그렇기에 대체로 한두 사이즈를 더 크게 해야 자신에게 맞는 옷을 구입할 수 있다. 사이즈 명칭은 S, M, L, XL로 부른다. 하지만 베트남어의 알파벳 발음이 달라서 에스라고 하면 못 알아듣는 종업원도 있다. S는 ét sì(엣씨), M은 e mờ(애머), L은 e lờ(애러), XL은 ích xì e lờ(익시애러)라고 발음한다. 신발의 경우 미국, 유럽 사이즈가 모두 통용이 되므로 아래 표를 참조하면 된다.

한국(mm)	미국(US)		유럽	
	남자	여자	남자	여자
220	-	5	-	35.5
225	-	5.5	-	36
230	-	6	-	36.5
235	-	6.5	-	37
240	6	7	38.5	37.5
245	6.5	7.5	39	38
250	7	8	39.5	38.5
255	7.5	8.5	40	39
260	8	9	40.5	39.5
265	8.5	9.5	41	40
270	9	10	41.5	40.5
275	9.5	10.5	42	41
280	10	11	42.5	41.5

Mấy giờ cửa hàng mở cửa?	몇 시에 문을 열어요?
Mấy giờ cửa hàng đóng cửa?	몇 시에 문을 닫아요?
Cửa hàng có mở cửa vào chủ nhật không?	일요일에 문을 열어요?
Đúng là hàng tốt mà giá lại rẻ.	정말 상품이 좋고 가격이 저렴해요.
Đắt quá!	너무 비싸요!
Chị có thể giảm giá cho tôi được không?	(가격을) 깎아 줄 수 있어요?
Dạ, được.	네, 그러죠.
Chị có hàng loại này không?	이 품목 재고 있어요?
Xin lỗi, chúng tôi hết hàng rồi.	죄송하지만, 이 상품은 다 팔렸어요.
Tôi có thể thử đôi giày này được không?	이 신발 신어 봐도 돼요?
Cỡ của anh bao nhiêu?	사이즈가 얼마예요?
Tôi lấy cỡ 8.	8 사이즈요.
Nó có vừa không?	치수가 맞나요?
Nó quá chật.	이거 너무 작아요.
Nó vừa khít.	이거 꼭 맞아요.
Chiếc này có thể giặt được không?	이거 (세탁기에) 빨래해도 돼요?
Không, phải giặt khô.	아니요, 드라이클리닝 해야 해요.
Tôi sẽ mua sản phẩm này.	이 상품 살게요.

어휘 플러스

바지	**quần** 꾸언
상의	**áo** 아오
신발	**giày dép** 지아이 잽
샌들	**xăng đan** 쌍 단
모자	**mũ** 무
아오자이	**áo dài** 아오 자이
속옷	**áo lót** 아오 롯
양말	**tất/vớ** 떳/버
운동화	**giày thể thao** 지아이 테 타오
구두	**giày mũi nhọn** 지아이 무이 뇬
바지(하의)를 입다	**mặc quần(áo)** 막 꾸언(아오)
구두를 신다	**đi giày** 디 지아이
양말을 신다	**đi tất** 디 떳
샌들을 신다	**đi dép** 디 잽
장갑을 끼다	**đi găng** 디 장
모자를 쓰다	**đội mũ** 도이 무
수건을 쓰다	**đội khăn** 도이 칸
목걸이를 차다	**đeo vòng** 대오 봉
시계를 차다	**đeo đồng hồ** 대오 동 호
반지를 끼다	**đeo nhẫn** 대오 년
벨트를 차다	**đeo lưng** 대오 릉
수건을 두르다	**quàng khăn** 꾸앙 칸
넥타이를 매다	**thắt cà vạt** 탓 까 밧
벗다	**cởi** 꺼이
갈아입다	**thay mặc** 타이 막
입어보다	**mặc thử** 막 트

쇼핑센터

빈콤 시티 (TTTM Vincom)

하노이 서부 신도시지역에 위치,
사무실, 고급브랜드, 음식점, 미용실,
스포츠 매장 등 입점

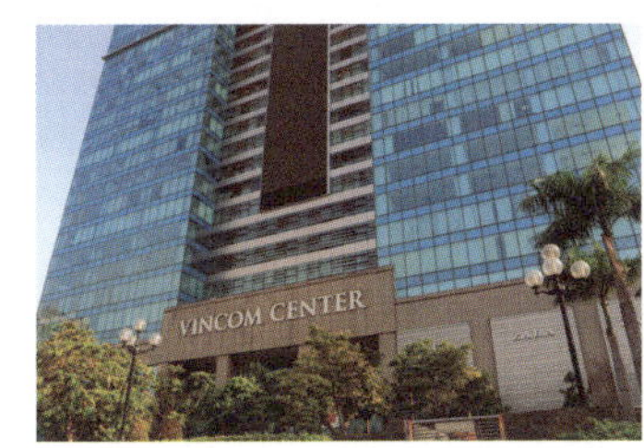

쟝띠엔 백화점 (TTTM Tràng Tiền)

하노이 호안끼엠 호수 근처의 시내
중심가에 위치
고급브랜드, 음식점, 까페 등 입점

가든 백화점 (TTTM The Garden)

하노이 미딩 한인 타운 근처에 위치
고급브랜드, 음식점, BIG-C마트, 영
화관, 서점 등이 입점

롯데 백화점 (TTTM Lotte Center)

하노이 마트, 백화점, 영화관 등 쇼핑
몰과 편의시설, 전망대를 포함하여
놀 거리와 볼거리가 다양

Lim

여행을 가고 싶거든요. 듣기로는 하롱베이하고 사파가 좋다고 하던데요.

Tôi muốn đi du lịch.

Tôi nghe nói đi Vịnh Hạ Long và Sapa tốt.

또이 무온 디 주 리익. 또이 응헤 노이 디 비잉 하 롱 바 싸빠 뜻.

Nhân viên

요새 사파는 춥고 안개가 많아요.

Dạo nay Sapa trời lạnh và có nhiều mây.

자오 나이 싸빠 쩌이 라잉 바 꼬 니에우 머이.

겨울에는 사파와 비교하면 사람들이 하롱베이를 더 많이 가요.

Vào mùa đông, so với Sapa thì Vịnh Hạ Long được nhiều người lụa chọn hơn.

바오 무어 동, 쏘 버이 싸빠 티 비잉 하 롱 드억 니에우 응어이 루어 쫀 헌.

여기 안내서입니다. 당일 또는 1박 2일로 가실 건가요?

Đây là giấy hướng dẫn.

Anh định đi một ngày hay hai ngày một đêm?

더이 라 지어이 흐엉 전. 아잉 디잉 디 못 응아이 하이 하이 응아이 못 뎀?

Lim

1박 2일이요. 그럼 얼마예요?

Một đêm hai ngày. Vậy thì bao nhiêu tiền ạ?

못 뎀 하이 응아이. 버이 티 바오 니에우 띠엔 아?

Nhân viên

80달러예요.

80 đôla.

땀 므어이 도라.

Lim

왜 이렇게 비싸요?

Làm gì mà đắt thế?

람 지 마 닷 테?

Nhân viên

많이 비싼 게 아니에요! 이 돈은 모든 여행경비를 포함하고 있는데요.

Không đắt đâu!
Tiền này bao gồm cả chi phí du lịch.

콩 닷 더우! 띠엔 나이 바오 곰 까 찌 피 주 리익.

예를 들어 고급 객실, 하루 세끼 식사비, 교통비, 탐방비, 승선비 등이에요…

chẳng hạn như; tiền phòng khách sạn cao cấp, tiền ăn 3 bữa/1 ngày, phí giao thông và phí tham quan, phí tàu thuyền…

짱 한 뉴; 띠엔 퐁 카익 싼 까오 껍, 띠엔 안 바 브어/못 응아이, 피 지아오 통 바 피 탐 꾸안, 피 따우 투이엔…

지금 바로 예약하세요!

Anh đặt luôn nhé!

아잉 닷 루온 내!

---

nghe nói 응해 노이	~라고 듣다		**định** 定 디잉	~할 작정이다
tốt 똣	좋은		**làm gì mà …** 람 지 마	왜 그렇게 ~하는가
dạo nay 자오 나이	요즈음		**chi phí** 支費 찌 피	비용
trời 쩌이	날씨, 하늘		**cao cấp** 高級 까오 껍	고급의
mây 머이	구름		**vào cửa** 바오 끄어	입장하다
ai cũng 아이 꿍	누구나 다		**chẳng hạn như** 짱 한 뉴	예를 들면
khi nào 키 나오	언제		**luôn** 루온	바로, 자주, 종종

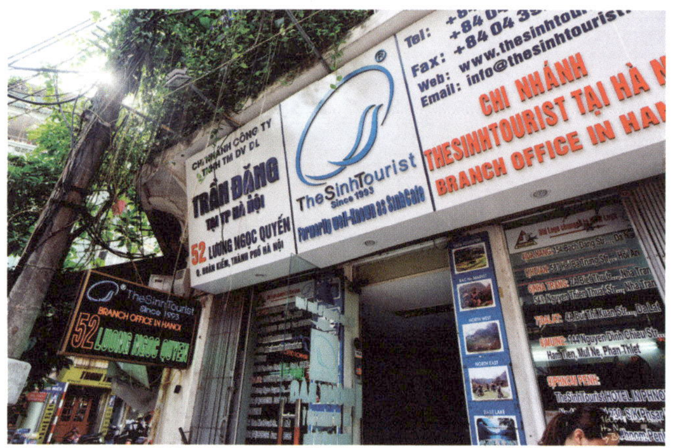

베트남 여행을 위해 한국에서 항공권만 구입하고 자유여행을 준비하는 사람의 경우 하노이나 호찌민에 도착하면 보통 하노이는 호안끼엠(Hồ Hoàn Kiếm), 호찌민은 데탐(Đề Thám) 여행자 거리에 가서 패키지 상품을 구매해 베트남 여행을 한다. 대부분의 여행사는 외국인을 대상으로 여행상품을 판매하기 때문에 영어로 의사소통이 가능하다. 하노이나 호찌민에서 베트남 곳곳에 있는 유명 관광지로 패키지 상품을 구매해서 여행을 할 수 있다. 호텔이나 교통편, 식사 등은 가격에 따라 선택이 가능하다. 현지 여행사의 패키지 상품은 대부분의 여행상품이 가격이 비슷하고 달러와 베트남 화폐 동으로 계산이 가능하다.

🎧 6-8.mp3

Tôi muốn đặt tua Sapa.	사파 탐방 투어를 예약하고 싶어요.
Anh muốn đi khi nào ạ?	언제 가실 거예요?
Vào thứ sáu tuần tới.	다음 주 금요일이요.
Cho tôi biết cụ thể hơn về tua Vịnh Hạ Long nhé.	하롱베이 여행에 대해서 좀 더 구체적으로 알려 주세요.
Anh tập trung ở đây lúc 7 giờ 30 phút sáng.	토요일 아침 7시 30분까지 여기로 오시면 되고요.
Sau đó, hướng dẫn viên sẽ đi cùng với anh.	그 이후에 가이드가 같이 다닐 거예요.
Trong tour này có tham quan 1 vài đảo chính, 2 hang động và chèo thuyền.	이 일정에는 여러 섬, 두 개 동굴을 탐방하고 카야킹(kayaking)이 있어요.
Vậy ngoài ra, tôi phải trả thêm chi phí nào nữa không?	그렇다면 추가로 제가 돈을 지불해야 하는 것은 없어요?
Không có gì cả trừ tiền típ!	팁을 제외하고는 전혀 없어요!
Phí tua bao gồm cả chi phí du lịch.	요금에 여행의 모든 비용이 포함되었어요.
Khi nào tôi có thể đặt được tua du lịch này ạ?	여행 예약은 언제까지 하면 돼요?
Cho tôi đặt 4 người.	네 명으로 예약해 주세요.
Tôi muốn hủy đặt chỗ.	예약을 취소하고 싶어요.

관광 여행	**tua du lịch** (-遊歷) 뚜어 주 리익
휴가	**kì nghỉ** 끼 응히
여행사	**công ty du lịch** 꽁 띠 주 리익
도착하다	**đến nơi** 덴 너이
예약하다	**đặt chỗ** 닷 쪼
예매하다	**mua trước** 무어 쯔억
예약을 취소하다	**hủy đặt chỗ** 후이 닷 쪼
신고하다	**khai báo** 카이 바오
마중가다	**đi đón** 디 돈
배웅가다	**đi tiễn** 디 띠엔
비행기(차)에 탑승하다	**lên máy bay**(xe) 렌 마이 바이(새)
비행기를 놓치다	**nhỡ chuyến bay** 녀 쭈이엔 바이
표를 검사하다	**kiểm tra vé** 끼엠 짜 배
개찰하다	**soát vé xe** 쏘앗 배 새
비행기표 예약	**đặt vé máy bay** 닷 배 마이 바이
일등석	**vé hạng nhất** 배 항 녓
일반석	**vé hạng thường** 배 항 트엉
편도표	**vé một lượt** 배 못 르엇
왕복표	**vé khứ hồi** 배 크 호이
예약확인	**xác nhận** (確認) **đặt chỗ** 삭 년 닷 쪼

추천 여행지 1

하노이 (Hà Nội)
호안끼엠 호수 주변 구시가지
베트남 문화, 역사 중심지
호찌민 묘소, 호아로 수용소 등

호찌민 시 (TP.HCM)
베트남 경제·문화 중심지
프랑스 식민시대 건축양식 보존
Đức Bà 대성당, 벤타잉 시장

사파 (Sa Pa)
산악지대 등산, 휴양지
Hàm Rồng 정원, Mường
Hoa 계곡, Fansipan 산

니잉 비잉 (Ninh Bình)
최근 관광명소로 부각
천연자연유산, Tràng AN, Tam
Cốc, 킹콩 촬영지,고도 Hoa Lư

하롱베이 (Vịnh Hạ Long)
베트남 유일무이 여행 자부심
유네스크의 세계천연자연유산
공인, 수많은 섬과 동굴 형성

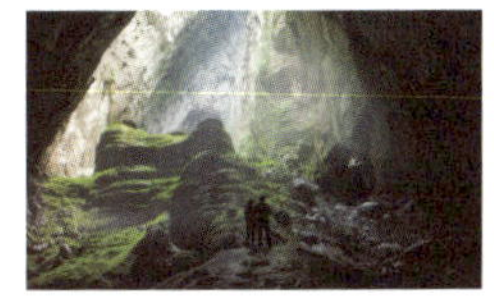

꾸앙 비잉 (Quảng Bình)
수 백 개의 천연동굴로 조성
수많은 희귀한 동식물 서식
Phong Nha-Ke Bàng
국가공원

옛 수도 후에 (Cố đô Huế)
19세기 베트남 역사 흔적지
Diên Thọ 궁전, Tự Đức 사원,
독특한 후에 음식

다낭 (Đà Nẵng)
최근 외국 관광객 인기 급상승
깨끗한 환경과 후한 인심
Mỹ Khê 해변, Bà Nà여행구역

Hướng dẫn viên

안녕하세요, 신사숙녀 여러분! 저는 오늘 여행을 안내할 끄어라고 합니다.

Xin chào, các quý vị và các bạn! Tôi tên là Cường, hướng dẫn viên hôm nay.

신 짜오, 깍 꾸이 비 바 깍 반! 또이 뗀 라 끄엉, 흐엉 전 비엔 홈 나이.

여러분과 이 여행을 같이 하게 되어서 기쁩니다.

Rất vui được đồng hành cùng các anh chị trong chuyến du lịch này.

젓 부이 드억 동 하잉 꿍 깍 아잉 찌 쫑 쭈이엔 주 리익 나이.

여행 동안 만약에 여러분이 문제가 있으면 바로 말씀해 주세요.

Trong chuyến đi, nếu anh chị có biết cứ vấn đề gì xin hãy cho tôi biết ạ.

쫑 쭈이엔 디, 네우 아잉 찌 꼬 비엣 끄 번 데 지 신 하이 쪼 또이 비엣 아.

Lim

여기 정차시간은 얼마 동안이에요?

Xe dừng ở đây bao lâu em?

새 증 어 더이 바오 러우 앰?

Hướng dẫn viên

30분간 정차합니다.

Chúng ta có 30 phút anh ạ.

쭝 따 꼬 바 므어이 풋 아잉 아.

(하롱베이 도착 전...)

Hướng dẫn viên

하롱베이에 거의 다 왔습니다!

Sắp đến Vịnh Hạ Long rồi!

쌉 덴 비잉 하 롱 조이!

여러분 차에서 내리기 전에 빠뜨린 짐은 없는지 다시 한 번 확인해 주세요.

Xin các anh chị kiểm tra lại hành lý trước khi xuống xe, đừng để quên cái gì.

신 깍 아잉 찌 끼엠 짜 라이 하잉 리 쯔억 키 수옹 새, 등 데 꾸엔 까이 지.

Lim

점심은 어디서 먹어요?

Chúng ta sẽ ăn trưa ở đâu đấy?

쭝 따 쌔 안 쯔어 어 더우 더이?

Hướng dẫn viên

호텔 식당에서 12시부터 1시 30분까지예요.

Chúng ta ăn trưa tại nhà hàng khách sạn từ 12 giờ đến 1 giờ 30 phút.

쭝 따 안 쯔어 따이 냐 항 카익 싼 뜨 므어이 하이 지어 덴 못 지어 바 므어이 풋.

그 이후에, 우리는 2시에 1층 로비에서 모입니다.

Sau đó, chúng ta tập trung ở tầng 1 lúc 2 giờ chiều.

싸우 도, 쭝 따 떱 쭝 어 떵 못 룩 하이 지어 찌에우.

곧 비가 올 것 같으니까 모일 때 우산이나 우의를 챙기세요.

Trời sắp mưa đấy, các anh chị nhớ mang theo dù hoặc áo mưa.

쩌이 쌉 므어 더이, 깍 아잉 찌 녀 망 태오 주 호악 아오 므어.

Hướng dẫn viên 흐엉 전 비엔 안내원(가이드)

dừng 증 멈추다

trước khi 쯔억 키 ~하기 전에

thứ 트 물건

mang theo 망 태오 가져오다(가다)

dù(ô) 주(오) 우산

1. 땀꼭과 호아루

땀꼭(Tam Cốc)은 하노이에서 당일 여행으로 가기에 좋은 곳이다. 땀꼭은 '세 개의 동굴'이라는 뜻으로 '항카' '항하이' '항바라'라는 동굴이 있다. 땀꼭에서는 사공이 노를 젓는 작은 나룻배를 타고 강과 동굴을 구경하는 보트투어가 있다. 땀꼭 여행을 가면 패키지여행으로 호아루(Hoa Lư)에도 함께 방문한다. 호아루는 10세기 말 베트남 왕조 시대 다이비엣 제국의 수도였다. 오래 머무르기보다 자전거 투어로 잠시 쉬었다 가는 곳으로 적당하다.

2. 짱안과 바이딘 사원

땀꼭과 짱안은 경치가 사뭇 비슷하고 나룻배를 타고 경치를 관람하는 등 투어의 내용이 겹쳐서 땀꼭이나 짱안 중 선택해서 한 곳만 여행하면 된다. 짱안은 베트남의 역사 유적지와 자연경관이 뛰어나서 2014년 유네스코 복합유산으로 지정되었다. 짱안을 가면 짱안에서 가까운 바이딘 사원(Chùa Bái Đính)도 함께 간다. 바이딘 사원은 베트남 최대의 사원으로 하노이 건도 1000주년을 축하하기 위해 지었다.

Tôi muốn mua vé khứ hồi.	왕복 차표를 사고 싶어요.
Cho tôi 2 vé lúc 10 giờ sáng mai.	내일 오전 10시 표 두 장 주세요.
Một vé người lớn và một vé trẻ em.	어른 한 명과 어린이 한 명이에요.
Mấy giờ thì đến ạ?	몇 시에 도착이에요?
Gía bao nhiêu?	얼마예요?
Tiền thuê hướng dẫn mỗi ngày hết bao nhiêu?	가이드 요금은 하루에 얼마예요?
Ninh Bình nổi tiếng về cái gì?	니잉 비잉에 유명한 게 뭐예요?
Ở đây có đặc sản gì?	여기 특산물은 뭐예요?
Anh đi du lịch với ai?	누구와 함께 여행을 가요?
Tôi chỉ một mình vì đó là chuyến đi ngắn.	여행이 짧아서 나 혼자 가요.
Xin anh vui lòng cho biết họ tên ạ?	성함을 알려 주시겠어요?
Lim. Đánh vần là L-I-M. Lim.	철자는 L-I-M 이에요.
Xe có xuất phát luôn không?	지금 바로 출발 하나요?
Xe dừng ở đây bao lâu em?	여기 정차시간은 얼마 동안인가요?
Làm ơn cho tôi xem vé?	표를 보여주시겠어요?
Chiếc xe này đang rẽ phải.	버스가 우회전합니다.
Hãy cẩn thận đấy!	조심하세요!
Nhanh lên, nếu không chúng ta sẽ bị nhỡ xe mất.	서두르세요, 그렇지 않으면 우리는 차를 놓치게 돼요.

지도	**bản đồ** 반 도
시내	**nội thành** (內城) 노이 타잉
버스노선	**tuyến xe buýt** 뚜이엔 새 부잇
직행기차	**xe lửa chạy thẳng** 새 르어 짜이 탕
침대차	**xe giường nằm** 새 지으엉 남
식당칸	**toa ăn/căn tin** 또아 안/깐 띤
출발역	**ga khởi hành** 가 커이 하잉
종착역	**ga cuối** 가 꾸오이
개찰구	**cửa soát vé** 끄어 쏘앗 배
발매기	**máy bán vé** 마이 반 배
정보, 소식, 통지하다	**thông tin** (通信) 통 띤
분실물 센터	**trung tâm đồ thất lạc** 쭝 떰 도 텃 락
장애인용	**dành cho người tàn tật** 자잉 쪼 응어이 딴 떳
수하물 보관소	**nơi giữ hành lý** 너이 지으 하잉 리
공중전화	**điện thoại công cộng** 디엔 토아이 꽁 꽁
식수	**nước uống** 느억 우옹
응급	**cấp cứu** 껍 끄우
표	**vé** 배
버스정류장	**trạm xe buýt** 짬 새 부잇
세금	**thuế** 투에
면세점	**cửa hàng miễn thuế** 끄어 항 미엔 투에
입구	**lối vào** 로이 바오

추천 여행지 2

호이안 (Phố cổ Hội An)
유네스코 세계문화유산 공인
수공예품, 그림, 비단 거리
19세기 건축양식 보존

냐 짱 (Nha Trang)
아름다운 해변, 공원, 진흙탕
목욕, 골프 등 여가시설 즐비
참파족의 Bà Ponagar 탑

달 랏 (Đà Lạt)
1년 내내 휴양에 적합한 기후
꽃, 농산물로 이루어진 화원,
계곡, 호수 등 깨끗한 지역

판 티엣
(Phan Thiết)
황홀한 Mũi Né 사막
Rạng 언덕, Tiên 샘 등
전통 느억맘 생산지

구찌 터널
(Địa đạo Củ Chi)
호찌민로부터 북서 40km 위치
베트남 전쟁기 약 250km 길이
지하로 방, 진료소, 부엌등 포함

푸 꾸옥
(Phú Quốc)
베트남에서 가장 큰 섬
원시림과 산호, 긴 해변으로
이루어진 이상적인 휴양지

메콩 삼각주 (Đồng bằng
sông Cửu Long)
세계에서 가장 큰 강의 하나
야생생물 다수 서식, 곡창지대
토산품, 수로관광 및 수상시장

7

약국·병원

약국에서 약 처방받기

병원에서 진료받기

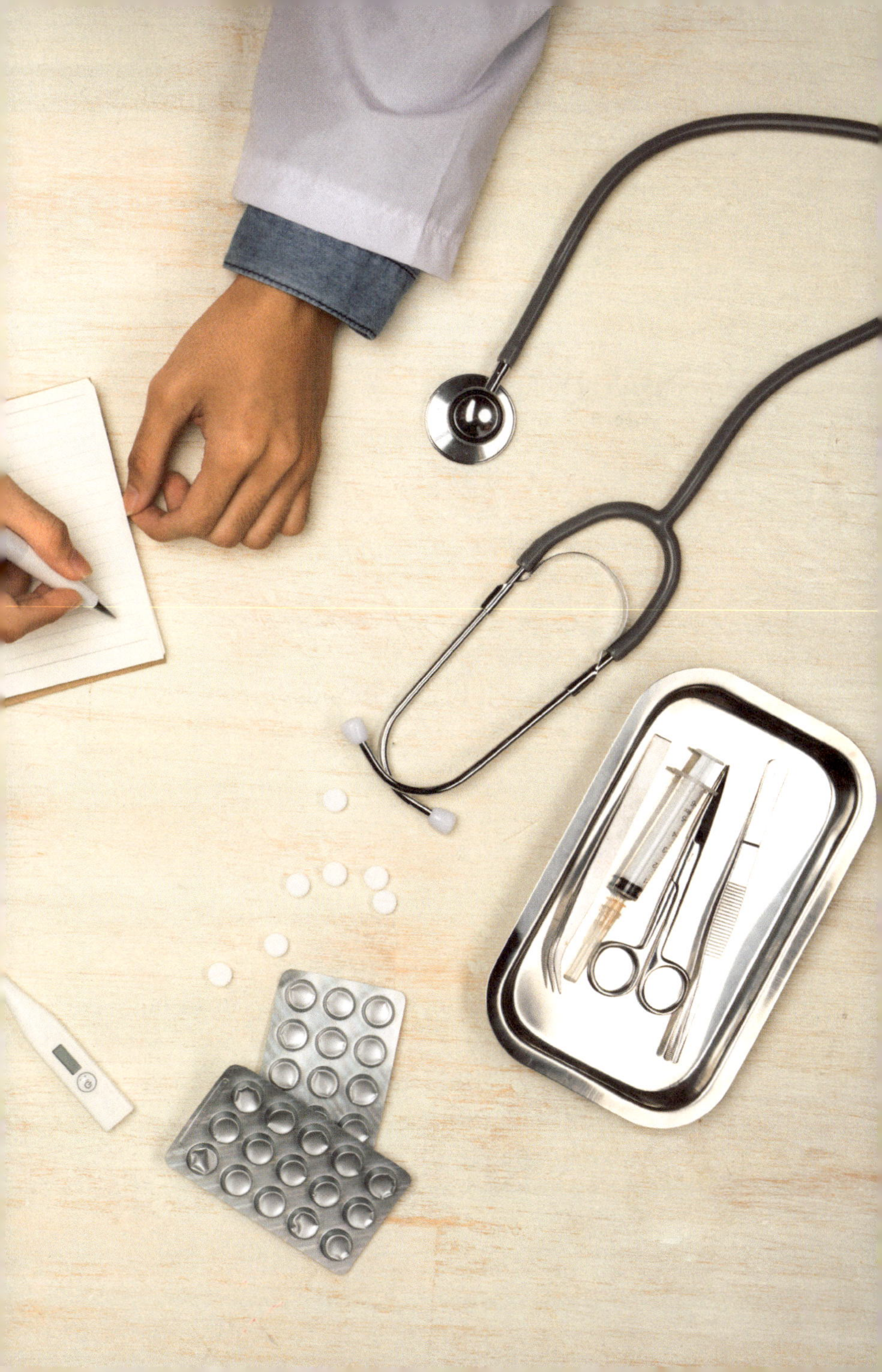

Lim	기침하고 콧물이 좀 나요. **Tôi bị ho và chảy nước mũi.** 또이 비 호 바 짜이 느억 무이.
Dược sĩ	언제부터 그랬어요? **Anh bị từ khi nào?** 아잉 비 뜨 키 나오?
Lim	어제 저녁부터요. **Từ tối qua chị ạ.** 뜨 또이 꾸아 찌 아.
Dược sĩ	열이 나거나 토하지는 않았어요? **Có bị sốt hay là bị nôn không?** 꼬 비 쏫 하이 라 비 논 콩?
Lim	아니요. **Không ạ.** 콩 아.
Dược sĩ	이건 항생제인데 매일 하루에 세 번 두 알씩 드세요. **Đây là thuốc kháng sinh, mỗi ngày uống hai viên ba lần một ngày.** 더이 라 투옥 캉 씨잉, 모이 응아이 우옹 하이 비엔 바 런 못 응아이. 식후 30분 뒤에 약을 드셔야 해요. **Anh nên uống thuốc sau khi ăn 30 phút.** 아잉 넨 우옹 투옥 싸우 키 안 바 므어이 풋.

술하고 담배는 많이 하지 마세요!

Anh đừng uống rượu và hút thuốc lá!

아잉 등 우옹 즈어우 바 훗 투옥 라!

이외에, 따뜻한 물을 마시고 잠을 푹 자세요.

Ngoài ra, anh nhớ hãy uống nước ấm và ngủ đủ giấc nhé.

응오아이 자, 아잉 녀 하이 우옹 느억 엄 바 응우 두 지억 냬.

---

hiệu thuốc 히에우 투옥 약국		**thuốc** 투옥 약	
ho 호 기침하다		**kháng sinh** 抗生 캉 씨잉 항생	
chảy 짜이 흐르다		**tất nhiên** 必然 떳 니엔 물론	
nước mũi 느억 무이 콧물		**hút thuốc lá** 훗 투옥 라 담배 피우다	
tối qua 또이 꾸아 어젯밤		**hãy** 하이 ~해라	
sốt 쏫 열이 나는		**ngủ** 응우 자다	
nôn 논 토하다		**đủ** 두 충분한	
có vẻ 꼬 배 ~인 듯하다		**giấc** 지억 잠	
cảm 깜 감기 들다		**sốm** 썸 일찍	
nhẹ 내 가벼운			

베트남에 소재한 약국에서 구비된 약품 중 원하는 약을 구할 수 없는 상황이 발생할 수 있으므로, 필요한 약품은 준비해 오는 것이 좋다. 가벼운 감기 등은 의사의 처방전이 없어도 약국에서 증상을 간단히 설명하고 약을 구매할 수 있다. 베트남 병원에서는 외국인에게 병원 진료비를 비싸게 받으므로 가벼운 증상의 경우에는 약국에서 약을 구매해 먹고 증상이 호전되지 않을 경우 병원에 가는 것이 좋다.

Tôi bị đau đầu từ tối qua.	어젯밤부터 머리가 아파요.
Cho tôi thuốc đau đầu.	두통약 주세요.
Chị cho tôi thuốc cảm cúm.	감기약 주세요.
Tôi bị cảm lạnh và viêm họng.	감기와 인후염에 걸렸어요.
Nó có tác dụng phụ không?	그건 부작용이 있어요?
Thuốc này uống thế nào cô?	이 약은 어떻게 먹어요?
Mỗi lần tôi phải uống mấy viên?	한 번에 약을 몇 알씩 먹어야 해요?
3 tiếng uống 1 lần, mỗi lần 2 viên.	세 시간에 한 번, 한 번에 두 알씩 드세요.
Mỗi lần uống 1 viên, chia 3 lần trong ngày.	하루에 세 번, 한 번에 한 알씩 드세요.
Uống thuốc sau khi ăn nhé!	식후에 약을 드세요.
Đừng ăn gì trong khoảng 30 phút trước và sau khi uống thuốc nhé!	약 복용 30분 전후로 아무것도 드시지 마세요!처방전 있어요?
Chị lấy thuốc cho tôi theo đơn này được không?	이 처방전에 따라 약을 지어 줄 수 있어요?
Chị có đơn thuốc không?	처방전 있어요?
Chị có dị ứng với loại thuốc nào không?	알레르기 약이 있어요?
Cho tôi thuốc bôi vết thương.	상처에 바르는 약을 주세요.
Thuốc này chỉ dùng để bôi ngoài da thôi.	이 약은 단지 피부 외부에 바르는 데 써야 해요.

처방전	**đơn thuốc** 던 투옥
바르는 약	**thuốc bôi** 투옥 보이
소화제	**thuốc tiêu hóa** 투옥 띠에우 호아
해열제	**thuốc hạ sốt** 투옥 하 쏫
두통약	**thuốc đau đầu** 투옥 다우 더우
기침약	**thuốc ho** 투옥 호
감기약	**thuốc cảm** 투옥 깜
수면제	**thuốc ngủ** 투옥 응우
항생제	**thuốc kháng sinh** 투옥 캉 씨잉
알약	**thuốc viên** 투옥 비엔
복약방법	**uống thế nào** 우옹 테 나오
반점이 나다	**phát ban**(發斑) 팟 반
금주	**tránh rượu** 짜잉 즈어우
소화불량	**khó tiêu** 코 띠에우
시럽	**xi rô** 시 로
멀미	**say tàu xe** 싸이 따우 새
예방약	**thuốc dự phòng** 투옥 즈 퐁
피임약	**thuốc tránh thai** 투옥 짜잉 타이
소독약	**thuốc tiệt trùng** 투옥 띠엣 쭝
약효	**hiệu quả**(效果) **của thuốc** 히에우 꾸아 꾸어 투옥

의약품 구입

약국에서 약을 구입할 때 상품명도 성분명도 비슷한 것이 많으므로 의약품의 상품명 또는 성분명을 약사에게 말하고 구입하는 것이 좋다. 한국의 상품명으로는 구입이 힘들 수도 있으므로 영어로 된 성분명을 말하거나 약품의 빈 상자나 포장지를 그대로 가져가는 것이 확실하다. 의사의 처방이 없이 구입하는 것이므로 약의 유효 성분(주성분)이 얼마나 포함되었는지를 반드시 확인해야 한다. 똑같은 모양과 색상이라고 해도 이전에 복용한 것이 50mg인데 같은 상품명 성분명 100mg 약을 구입하여 복용할 수도 있으므로 약의 성분과 양까지 꼼꼼히 확인해야 한다. 또한 베트남에서 판매되는 의약품은 서양인을 위해 만들어진 수입품이 많으므로 주의가 필요하다.

Bác sĩ	무슨 일이세요?
	Anh bị làm sao?
	아잉 비 람 싸오?

Lim	4일 전부터 기침하고 콧물이 났어요.
	Từ bốn ngày trước, tôi bị ho và chảy nước mũi.
	뜨 본 응아이 쯔억, 또이 비 호 바 짜이 느억 무이.
	약을 먹었는데도 갈수록 증상이 심해져요.
	Tuy tôi đã uống thuốc rồi nhưng triệu chứng càng ngày càng nặng.
	뚜이 또이 다 우옹 투옥 조이 늉 찌에우 쯩 깡 응아이 깡 낭.
	게다가, 어젯밤에는 열이 나고 토하기도 했어요.
	Hơn nữa, tối qua tôi vừa bị sốt vừa bị nôn.
	헌 느어, 또이 꾸아 또이 브어 비 쏫 브어 비 논.

Bác sĩ	열을 한번 재볼게요. 열이 많이 나네요. 39도예요!
	Để tôi đo nhiệt độ. Anh bị sốt cao lắm. Tận ba mươi chín độ!
	데 또이 도 니엣 도. 아잉 비 쏫 까오 람. 떤 바 므어이 찐 동!
	좀 보게 입을 크게 벌려보세요. 이런! 목에 염증이 심해요!
	Hãy há to miệng ra xem nào. Ôi giời! Cổ họng anh bị sưng to!
	하이 하 또 미엥 자 쌤 나오. 오이 져이! 꼬 홍 아잉 비 쏭 또!
	독감에 걸린 거 같군요.
	Anh bị cảm cúm thì phải.
	아이 비 깜 꿈 티 파이.

우선, 독감주사를 맞고 난 후에 약을 드세요.

Trước hết, anh nên tiêm chống cúm, sau đó uống thuốc nhé.

쯔억 헷, 아잉 넨 띠엠 쫑 꿈, 싸우 도 우옹 투옥 녜.

증상이 더 악화되면 곧장 진료 받으러 다시 오세요.

Nếu triệu chứng trở nên tệ hơn thì đi khám lại ngay nhé.

네우 찌에우 쯩 쩌 넨 떼 헌 티 디 캄 라이 응아이 녜.

추가로, 술하고 담배는 하면 안 돼요.

Ngoài ra, anh không được uống rượu và hút thuốc lá.

응오아이 자, 아잉 콩 드억 우옹 즈어우 바 훗 투옥 라.

---

khám bệnh 캄 베잉 진찰받다
đau 다우 아픈
nặng 낭 무거운, 중한
tuy ... nhưng ... 뚜이 늉 비록 ~이지만 ~이다
càng ngày càng 깡 응아이 깡 점점 더
để tôi 데 또이 내가 ~할게요
đo 도 재다
cao 高 까오 높은, 키가 큰
tận 떤 수량에 관한 강조
há 하 입을 크게 벌리다
sưng 씅 염증
cảm cúm 깜 꿈 독감
tiêm 띠엠 주사, 주사를 맞다
trở nên 쩌 넨 ~한 상태가 되다
tệ 떼 극히
ngay 응아이 즉시
không được 콩 드억 하면 안 된다

하노이 하이바 쫑의 International SOS 병원

베트남에서는 의료분야는 교육과 더불어 가장 열악한 분야 중 하나이다. 호 찌민은 여건이 다소 나은 편이나 하노이의 경우 외국인이 갈 만한 병원이 극히 소수에 불과하며, 병원 시설 및 의료 수준이 매우 떨어진다. 이에 비해 외국인에 대한 진료비는 내과 진료 기준으로 1회에 약 10달러 정도이다. 입원하거나 응급실을 사용할 경우에는 약 400달러 이상의 비용이 든다. 더불어 응급 체계는 대부분 국립병원이나 대학병원에 한정되어 환자의 비율이 아주 높다. 따라서 International SOS와 같은 국제적인 응급 서비스 기관에 가입하는 것이 도움이 될 수 있다.

Tôi muốn gặp bác sĩ.	의사 선생님을 만나고 싶어요. (진료받으러 왔어요.)
Chị đau ở đâu?	어디가 아프세요?
Chị thấy thế nào?	어떠세요?
Liệu có phải chị đang có thai không?	혹시 현재 임신 중인가요?
Chị đã cảm thấy như thế bao lâu rồi?	이러한 증상이 얼마나 됐어요?
Tôi nghĩ là mình bị cúm rồi.	내 생각에는 독감에 걸린 것 같아요.
Tôi thấy hơi khó chịu.	좀 견디기 어려워요.
Đau quá!	너무 아파요!
Tôi bị tiêu chảy.	설사를 해요.
Tôi bị mất ngủ.	잠을 못 잤어요.
Hãy hít thở sâu.	숨을 깊게 쉬세요.
Tôi sẽ đo nhiệt độ của chị.	열을 재 볼게요.
Để tôi kiểm tra huyết áp cho chị.	혈압을 확인할게요.
Tôi phải lấy máu cho chị.	혈액을 뽑을게요.
Tôi sẽ tiêm cho chị trước.	주사를 먼저 놓을게요.
Chị phải nhập viện ngay bây giờ.	지금 당장 입원하셔야 해요.
Chị cần phải phẫu thuật.	수술이 필요해요.
Tôi sẽ kê đơn cho chị ít thuốc.	처방전을 써 드릴게요.
Chị ổn. Không cần phải dùng thuốc gì đâu.	괜찮아요. 어떠한 약도 드실 필요가 없어요.

내과	**khoa nội** 코아 노이
이비인후과	**khoa tai mũi họng** 코아 따이 무이 홍
소아과	**khoa nhi** 코아 니
산부인과	**khoa sản** 코아 싼
안과	**khoa mắt** 코아 맛
치과	**khoa răng** 코아 장
외과	**khoa ngoại** 코아 응오아이
종합과	**đa khoa** 다 코아
이가 아픈	**đau răng** 다우 장
발목을 삔	**bị trật cổ chân** 비 쩟 꼬 쩐
머리가 아픈	**đau đầu** 다우 더우
코가 막힌	**ngạt mũi** 응앗 무이
재채기하는	**hắt xì hơi** 핫 시 허이
몸살이 난	**đau người** 다우 응어이
코감기	**cảm sổ mũi** 깜 쏘 무이
당뇨	**tiểu đường** 띠에우 드엉
암	**ung thư** 웅 트
알레르기	**dị ứng** 지 응
천식	**hen suyễn** 핸 쑤이엔
편두통	**đau nửa đầu** 다우 느어 더우
염증	**chứng viêm** 쯩 비엠
폐렴	**viêm phổi** 비엠 포이
화상	**bỏng** 봉
염좌(타박상)	**bong gân** 봉 건
골절	**gãy xương** 거이 스엉
상처	**vết thương** 벳 트엉

긴급번호

1. 응급환자 발생 시 - 응급번호: 115

- Korea Clinic(KOICA) (한국어 가능) 04-3843-7231
- SOS International (영어, 프랑스어) 04-3577-0555, 04-3934-0666
- Family Medical Practice (한국어 가능) 04-3843-0748
- Vinmec 병원 (한국어, 영어 가능) 04-3974-4333
- 하노이 한인회 주간 연락처 04-3555-3015/6

2. 범죄발생 시 - 범죄 신고: 113, 하노이 경찰서 04-3942-4244

"Giúp tôi với!(도와주세요!)" 큰 소리로 주변의 도움을 요청하고 113에 신고를 한다.

3. 화재발생 시 - 화재신고: 114

"Cháy!(불이야!)" 큰 소리로 화재 사실을 알리고 현장에서 탈출한다.

4. 주 베트남 대한민국대사관

- 사건사고: 090-462-6126, 090-467-0859
- 여권(분실 등): 091-323-2284
- 근무시간 이외: 090-402-6126, 090-320-6566

8
학교·기관

Lim

여기서 베트남어 공부를 하고 싶은데 등록은 어떻게 해요?

Tôi muốn học tiếng Việt ở đây thì đăng ký thế nào ạ?

또이 무온 혹 띠엥 비엣 어 더이 티 당 끼 테 나오 아?

Nhân viên văn phòng

베트남어 공부를 한 적이 있어요?

Anh học tiếng Việt bao giờ chưa?

아잉 혹 띠엥 비엣 바오 지어 쯔어?

Lim

네, 나는 한국에서 넉 달 베트남어를 공부했어요.

Rồi, tôi đã học tiếng Việt bốn tháng ở Hàn Quốc.

조이, 또이 다 혹 띠엥 비엣 본 탕 어 한 꾸옥.

Nhân viên văn phòng

이건 우리 학교 베트남어 학습 프로그램이에요.

Đây là chương trình học tiếng Việt ở trường chúng tôi.

더이 라 쯔엉 찌잉 혹 띠엥 비엣 어 쯔엉 쭝 또이.

이거 참고하세요.

Anh có thể tham thảo.

아잉 꼬 테 탐 타오.

Lim

나는 4~6명 초급과정에서 공부하고 싶어요.

Tôi muốn học ở trình độ A lớp từ 4 đến 6 người.

또이 무온 혹 어 찌잉 도 아 럽 뜨 본 덴 싸우 응어이.

Nhân viên văn phòng	이 반은 일주일에 세 번 수업이 있어요. 월, 수, 금요일이에요. **Lớp này học ba buổi một tuần.** **Thứ hai, thứ tư và thứ sáu.** 럽 나이 혹 바 부오이 못 뚜언. 트 하이, 트 뜨 바 트 싸우. 수업시간은 아침 아홉 시부터 열두 시까지예요. **Giờ học là từ chín giờ đến mười hai giờ trưa.** 지어 혹 라 뜨 찐 지어 덴 므어이 하이 지어 쯔어. 추가로, 이 반은 이번 주 수요일에 4과 공부를 시작해요. **Hơn nữa, lớp này bắt đầu học bài 4 vào thứ tư** **tuần này.** 헌 느어, 럽 나이 밧 더우 혹 바이 본 바오 트 뜨 뚜언 나이.

---

học trường 學校 혹 쯔엉 학교	**trình độ** 程度 찌잉 도 진도, 정도
chương trình 章程 쯔엉 찌잉 프로그램	**lớp** 럽 반, 학년
trường đại học 場大學 쯔엉 다이 혹 대학교	**buổi** 부오이 시간대
bao giờ chưa 바오 지어 쯔어	**hơn nữa** 헌 느어 게다가
~해본 적 있어요?	**bắt đầu** 밧 더우 시작하다
tham khảo 參考 탐 카오 참고하다	**bài** 바이 과

하노이 사범대 본관

베트남에서 한국 성인이 베트남어를 배우기 위한 교육기관은 대학교 부설 베트남어 랭귀지 코스와 사설학원 및 한인회 그리고 개인교습 형태로 주로 이루어진다. 대학교 베트남어 랭귀지 코스는 보통 대학생과 일부 성인들이 배우러 온다. 하노이의 경우 하노이 인문사회과학대학, 사범대학, 하노이 대학(구 하노이 외대) 등이 있다. 초급반의 경우 영어로 수업진행을 하며 중급반부터는 베트남어로 진행한다. 수업료는 인원 수, 수업일수에 따라 다르며 1개월에 한 번씩 낸다. 보통 초급과정은 240시간, 중급과정은 480시간, 고급과정은 720시간 공부한 후 시험을 본다. 인사대에서 주관하는 베트남능력시험(Kỳ thi năng lực tiếng Việt)을 본 후 증명서를 발급한다. 그리고 대학기관에서 수업을 들으면 비자를 받을 수 있다. 최근에는 험난한(?) 한국의 대학입시를 벗어나 진학과 취업을 위해 대학기관에서 랭귀지 코스 1년 이후 베트남 대학 4년 진학하여 학위와 취업에 도전하는 한국인들이 많아지고 있다.

Chương trình học tiếng Việt có rất nhiều nơi cho bạn lựa chọn.	여러분이 선택할 수 있는 베트남어 학습 과정은 매우 많아요.
Bạn có thể đến trực tiếp trung tâm hoặc đăng ký qua mạng để học.	여러분이 직접 센터를 방문하거나 인터넷으로 등록할 수 있어요.
Để biết thêm chi tiết, hãy gọi hotline.	상세히 알고 싶으시면 핫라인으로 전화 주세요.
Gửi "HỌ, TÊN, NĂM SINH, SỐ ĐTDĐ, EMAIL" vào Hotline của chương trình: 0916.861.099.	"성, 이름, 생년월일, 전화번호, 이메일"을 과정 핫라인 0916-861-099으로 보내세요.
Chúng tôi sẽ tổng hợp danh sách và liên lạc với bạn ngay khi có thể.	명부를 종합해서 신속히 당신에게 연락 드릴게요.
Nếu không thì tôi đăng ký cho anh lớp học bắt đầu từ 1 tháng 3 được không?	아니면 3월 1일부터 시작하는 수업으로 등록해드릴까요?
Tôi đã đăng ký lớp trình độ B vào thứ sáu tuần trước.	지난주 금요일에 중급수업을 등록했는데요.
Thế học phí thế nào chị?	그럼 이번 달 학비는 어떻게 돼요?
Tiền sách là 120,000 đồng.	교재비는 십이만 동이에요.
Tôi muốn đăng ký một lớp học ngày hôm nay.	오늘 수업 등록을 하고 싶어요.
Bạn muốn học lớp gì?	어떤 수업을 원해요?
Các lớp này học vào ngày nào?	각 반은 언제 수업해요?

학원(대학)	học viện ^(學院) 혹 비엔
학생	học sinh ^(學生) 혹 씨잉
대학생	sinh viên ^(生員) 씨잉 비엔
학원생	học viên ^(學員) 혹 비엔
학사	cử nhân ^(擧人) 끄 년
석사	thác sĩ ^(碩士) 탁 씨
박사	tiến sĩ ^(進士) 띠엔 씨
학년	lớp ^(1~12) 럽(뜨 못 덴 므어이 하이)
사립학교	trường dân lập ^(場民立) 쯔엉 전 럽
국립학교	trường nhà nước ^(場-) 쯔엉 냐 느억
공립학교	trường công lập ^(場公立) 쯔엉 꽁 럽
국제학교	trường quốc tế ^(場國際) 쯔엉 꾸옥 떼
기술학교	trường chuyên nghiệp ^(場專業) 쯔엉 쭈이엔 응히엡
보충학원	học thêm ^(學-) 혹 템
외국어센터	trung tâm ngoại ngữ ^(中心外語) 쭝 떰 응오아이 응으
전공	chuyên ngành 쭈이엔 응아잉
부전공	chuyên ngành phụ 쭈이엔 응아잉 푸
교환학생 프로그램	chương trình trao đổi sinh viên 쯔엉 찌잉 짜오 도이 씨잉 비엔
지원서 제출	nộp hồ sơ vào 놉 호 써 바오

학교와 학제

베트남의 정규교육은 초등학교 5년, 중학교 4년, 고등학교 3년 5-4-3 학제이다. 베트남 학제는 수차례 변화를 겪었지만 제2차 세계대전 이후 남베트남은 12학년제가 유지되었고, 북베트남은 1989년 이후 12학년제로 굳어졌다. 베트남은 맞벌이가 많아 취학 전 아이들을 돌볼 수 있는 교육시설인 유아원과 유치원이 보편화되었다. 3개월부터 36개월까지의 영아를 위한 유아원, 3세부터 6세까지 유아를 맡는 유치원이 있다. 초등학교는 7세~11세 학생을 교육하며 중학교는 12~15세 학생을 대상으로 한다. 중학교육까지는 의무교육으로 정부가 무상으로 교육을 제공한다. 고등학교는 16~18세의 학생을 교육하는데 중학교를 졸업하고 3~4년 과정의 기술고등과정을 이수하거나 고등학교를 마친 학생의 경우 본인의 희망에 따라 기술전문학교 과정, 기술학교 과정 등을 갈 수 있다. 대학은 준학사(전문대학) 과정(2~3년), 학사과정(4년), 약대(5년), 의대, 치대(6~7년) 등이 있다.

Cô giáo	우리 지난번에 어디까지 공부했죠?
	Lần trước chúng ta đã học đến đâu rồi nhỉ?
	런 쯔억 쭝 따 다 혹 덴 더우 조이 니?
Các bạn	우리는 1과까지 공부했어요.
	Chúng ta đã học đến bài 1 ạ.
	쭝 따 다 혹 덴 바이 못 아.
Cô giáo	여러분, 숙제는 다 했어요?
	Các bạn đã làm xong hết bài tập chưa?
	깍 반 다 람 송 헷 바이 떱 쯔어?
Các bạn	네, 다 했어요.
	Dạ, rồi ạ.
	자, 조이 아.
Cô giáo	책을 큰 소리로 또박또박 읽어 보세요.
	Hãy đọc to bài hội thoại một cách rõ ràng.
	하이 독 또 바이 호이 토아이 못 까익 조 장.
	여러분 나를 따라서 이 단어를 발음해 보세요.
	Các em phát âm từ này theo cô nhé.
	깍 앰 팟 엄 뜨 나이 태오 꼬 냬.
Bạn Lâm	선생님, 질문 있어요. "Khát khô cả cổ"가 무슨 뜻이에요?
	Cô ơi, em có một câu hỏi.
	"Khát khô cả cổ" nghĩa là gì ạ?
	꼬 어이, 앰 꼬 못 꺼우 호이. "캇 코 까 꼬" 응히어 라 지 아?

Cô giáo

이 관용어구는 목이 몹시 마르고, 목이 건조하다는 뜻이에요. 이해했어요?

Thành ngữ này có ý nghĩa là khát quá, cổ họng như bị khô. Em đã hiểu chưa?

타잉 응으 나이 꼬 이 응히어 라 캇 꾸아, 꼬 홍 뉴 비 코. 앰 다 히에우 쯔어?

Bạn Lâm

네, 이해했어요.

Dạ, em hiểu rồi ạ.

자, 앰 히에우 조이 아.

Cô giáo

여러분! 수업 시간에 한국어로 잡담하지 마세요!

Các bạn ơi! Không nói chuyện phiếm bằng tiếng Hàn Quốc trong giờ học!

깍 반 어이! 콩 노이 쭈이엔 피엠 방 띠엥 한 꾸옥 쫑 지어 혹!

오늘은 여기까지 할게요. 어제 숙제는 나에게 제출하세요.

Hôm nay chúng ta dừng lại tại đây. Hãy nộp bài tập hôm qua cho cô nhé.

홈 나이 쭝 따 증 라이 따이 더이. 하이 놉 바이 떱 홈 꾸아 쪼 꼬 냬.

---

lớp học 럽 혹　교실　　　　　　　　　**khát khô cả cổ** 캇 코 까 꼬　몹시 목이 마른
bài tập 바이 떱　숙제　　　　　　　　　**nghĩa** 義 응히어　의미
hội thoại 會話 호이 토아이　이야기하다　**thành ngữ** 成語 타잉 응으　관용어
phát âm 發音 팟 엄　발음, 발음하다　　　**hiểu** 히에우　이해하다
từ 詞 뜨　단어　　　　　　　　　　　　**như** 뉴　~처럼
câu hỏi 꺼우 호이　질문　　　　　　　　**chuyện phiếm** 쭈이엔 피엠　잡담

하노이 백화대학교

- 유아교육 Giáo dục mầm non (3~6세) : 어린이집 nhà trẻ, 유치원 trường mầm non으로 구분된다.
- 보통교육 Giáo dục phổ thông (7~18세): 총 12년 초등부터 고등까지
- 초등학교 Trường học tiểu học (7~11세): 간편하게 'cấp một'이라고 부른다.
- 중학교 Trường học cơ sở (12~15세): cấp hai
- 고등학교 Trường học phổ thông (16~18세): cấp ba
- 전문대학 Trường cao đẳng (2~3년제 대학)
- 4년제 대학 Trường đại học (4년제 대학)
- 대학원 trường cao học (場高學)

🎧 8-4.mp3

Em chào cô ạ!	선생님, 안녕하세요!
"Test" trong tiếng Việt nói thế nào?	"Test"는 베트남어로 뭐라고 해요?
Cái đó có nghĩa là gì ạ?	그것은 무슨 뜻이에요?
Khi nào thi ạ?	시험은 언제예요?
Hãy nói bằng tiếng Việt.	베트남어로 말하세요.
Làm ơn hãy nói lại một lần nữa.	한 번 더 말씀해 주세요.
Chính xác.	맞아요.
Đây là bài tập.	이건 숙제예요.
Hãy xem lại đi.	다시 한 번 보세요.
Số điện thoại của thầy là số mấy ạ?	선생님 전화번호는 몇 번이에요?
Làm thế nào để học tiếng Việt nhanh nhỉ?	어떻게 하면 베트남어를 빨리 배울 수 있어요?
Có gì sai ạ?	뭐가 틀렸어요?
Em có việc gấp nên xin phép đi trước ạ?	급한 일이 있어서 먼저 가도 될까요?
Em xin phép đi nhà vệ sinh ạ?	화장실 좀 다녀와도 될까요?
Em xin phép được nghỉ em bị ốm hôm nay?	오늘 아파서 수업을 쉬어도 될까요?
Hôm qua em bị ốm, chưa làm bài xong, mai em nộp được không ạ?	어제 제가 아파서 숙제를 끝내지 못했는데, 내일 제출해도 될까요?
Thôi được, nhưng phải đúng ngày mai nhé. Không được chậm hơn đâu.	그래요 어쩔 수 없죠, 하지만 정확히 내일 내야 해요. 더 이상 늦으면 안 돼요.

책상	**bàn** (般) 반
서랍	**ngăn kéo** 응안 깨오
책꽂이	**giá sách** 지아 싸익
스탠드	**đèn bàn** 댄 반
책	**sách** 싸익
교과서	**sách học** (-學) 싸익 혹
공책	**vở** 버
색종이	**giấy màu** 지어이 마우
펜	**bút** 붓
볼펜	**bút bì** 붓 비
형광펜	**bút huỳnh quang** 붓 후이잉 꾸앙
사인펜	**bút lông màu** 붓 롱 마우
색연필	**bút chì màu** 붓 찌 마우
연필	**bút chì** 붓 찌
만년필	**bút máy** 붓 마이
필통	**hộp bút** 홉 붓
지우개	**tẩy** 떠이
자	**thước kẻ** 투옥 깨
컴퍼스	**compa** 꼼빠
스카치테이프	**băng keo** 방 깨오
문구용 칼	**dao rọc giấy** 자오 족 지어이
풀	**keo khô** 깨오 코
물풀	**hồ dán** 호 잔
물감	**màu nước** 마우 느억

국제학교

하노이 한국 국제학교

한국 국제학교(Korean International School)는 호찌민(1998년), 하노이(2004년)에 위치해 있고 한국 소재 대학교에 진학하는 현실을 반영해 대학진학 및 대학에서의 수학능력을 기르는 데 중점을 둔다. 또한 타 국제학교보다 낮은 수업료로 질 좋은 교육을 제공하고자 노력하고 있다. 학비는 연간 $2,700~$3,900이고, 입학금 $500~1,500 정도이다. 연간 1만 달러 이상의 많은 학비가 드는 국제학교는 호찌민 시의 경우에는 학교 수가 상대적으로 많아 입학에 어려움 없지만 하노이의 경우에는 국제학교의 정원이 적고 일부 학교는 국적별 쿼터제가 있어서 3~6개월간 입학하지 못하는 상황도 있다. 하노이에는 한국 국제학교를 비롯하여, BIS(영국 국제학교), BVIS(영국-베트남 국제학교), Concordia, HIS(하노이 국제학교), ISV(베트남 국제학교), SIS(싱가포르 국제학교), St. Paul American School(세인트폴 미국 국제학교), UNIS(유엔 국제학교), Vietnam-Australia School(베트남-호주 국제학교), 프랑스 알렉산드리아 국제학교 등이 있다.

Cảnh sát

무슨 일이세요?

Anh bị làm sao vậy?

아잉 비 람 싸오 버이?

Lim

여권과 지갑이 든 가방을 날치기 당했어요.

Tôi bị giật túi xách có hộ chiếu và ví của tôi trong đó.

또이 비 지엇 뚜이 사익 꼬 호 찌에우 바 비 꾸어 또이 쫑 도.

Cảnh sát

언제, 어디서 날치기 당했어요?

Anh bị giật túi xách ở đâu, khi nào?

아잉 비 지엇 뚜이 사익 어 더우, 키 나오?

Lim

한 시간 전에 호안끼엠 호숫가에서 날치기를 당했어요.

Cách đây 1 tiếng, tôi bị giật túi xách tại hồ Hoàn Kiếm.

까익 더이 못 띠엥, 또이 비 지엇 뚜이 사익 따이 호 호안 끼엠.

Cảnh sát

도둑 얼굴은 봤어요?

Anh có nhìn thấy tên cướp đó không?

아잉 꼬 닌 터이 뗀 끄업 도 콩?

Lim

아니요.

Không.

콩.

Cảnh sát

그러면, 도둑 잡기가 좀 힘들어요.

Nếu như vậy, bắt tên cướp đó là hơi khó.

네우 뉴 버이, 밧 뗀 끄업 도 라 허이 코.

성함하고 여권번호는 어떻게 되세요?

Anh cho tôi biết tên và số hộ chiếu của anh?

아잉 쪼 또이 비엣 뗀 바 쏘 호 찌에우 꾸어 아잉?

Lim

제 이름은 임꺽정이고, 한국 사람입니다. 이런! 여권번호는 기억이 안 나요.

Tôi tên là Lim Kkeokjeong, người Hàn Quốc. Ôi chết! Tôi không nhớ số hộ chiếu của tôi.

또이 뗀 라 림 꺽정, 응어이 한 꾸옥. 오이 쩻! 또이 콩 녀 쏘 호 찌에우 꾸어 또이.

Cảnh sát

그럼 한국대사관에 우선 가셔서 여권 재발급을 받으세요.

Thế thì anh phải xin cấp lại hộ chiếu ở Đại sứ quán Hàn Quốc đã.

테 티 아잉 파이 신 껍 라이 호 찌에우 어 다이 쓰 꾸안 한 꾸옥 다.

만약 우리가 범인에 대한 소식이 있으면 당신에게 연락 드릴게요.

Tôi sẽ gọi điện thoại lại cho anh nếu chúng tôi có thông tin về tên cướp.

또이 쌔 고이 디엔 토아이 라이 쪼 아잉 네우 쭝 또이 꼬 통 띤 베 뗀 끄업.

Lim

네, 한국대사관 전화번호를 좀 알려 주세요.

OK, xin cho tôi biết số điện thoại của Đại sứ quán Hàn Quốc.

오케이, 신 쪼 또이 비엣 쏘 디엔 토아이 꾸어 다이 쓰 꾸안 한 꾸옥.

---

báo 報 바오　알리다	**khó** 코　어려운
bị giật 비 지엇　빼앗기다	**thế thì** 테 티　그러면
hồ 湖 호　호수	**cấp lại** 껍 라이　재발급
bắt 밧　잡다	**đại sứ quán** 大使館 다이 쓰 꾸안　대사관
tên cướp 뗀 끄업　소매치기	

한국어에서 나쁜 사람을 말할 때 '나쁜' 뒤에 '사람'을 사용하기보다 '놈' '자식'을 사용한다. '나쁜' 뒤에 '놈'을 사용하는 것처럼 베트남어도 마찬가지로 나쁜 일을 저지른 사람에게 'người'라고 말하지 않고 3인칭으로 사용할 때 'hắn'이라는 단어를 사용한다. 'hắn'은 아주 나쁜 사람을 가리키거나 아주 친한 친구에게만 사용할 수 있으므로 3인칭으로 사용할 때 주의해야 하는 단어이다. 경찰은 통상 Công an nhân dân(CAND)이라 불린다.

Cảnh sát đang truy lùng ăn trộm.
경찰이 도둑을 추적한다.

Cuối cùng họ bắt được hắn.
마지막에 경찰들이 그놈을 잡았다.

Thôi chết!	맙소사!
Cẩn thận!	조심하세요!
Cứu tôi với!	도와주세요!
Cháy!	불이야!
Cướp!	강도야!
Dừng lại! tên trộm kia!	멈춰! 저기 도둑놈이야!
Hãy gọi công an!	경찰을 부르세요!
Chuyện gì xảy ra thế?	무슨 일이 벌어졌어요?
Ai đó đã lấy điện thoại của tôi ở trên bàn!	누가 테이블 위에 있는 내 전화기를 가져갔어요.
Tôi vừa bị mất ví.	방금 지갑을 잃어버렸어요.
Tôi vừa bị cướp.	방금 강도를 당했어요.
Tôi vừa bị tấn công.	방금 폭행을 당했어요.
Tôi vừa bị tai nạn.	방금 사고를 당했어요.
Tôi phải đi đến đồn cảnh sát đẻ khai báo bị cướp.	경찰서에 가서 도난 신고를 해야 해요.
Anh đi cùng với tôi được không?	함께 가 줄 수 있어요?
Anh có ổn không?	괜찮으세요?
Tôi cần bác sĩ.	의사가 필요해요.
Chúng ta phải gọi xe cứu thương.	구급차를 불러야 해요.
Gọi xe cấp cứu đi!	구급차를 부르세요!
Nhanh lên!	빨리요!

교도소	**phòng giam** 퐁 지암
용의자	**nghi phạm** 응히 팜
수갑	**còng tay** 꽁 따이
총	**khẩu súng**(口銃) 커우 쑹
증인	**người làm chứng** 응어이 람 쯩
피고	**bị cáo**(被告) 비 까오
지문	**dấu vân tay** 저우 번 따이
유괴, 납치	**bắt cóc ý** 밧 꼭 이
피습당하다	**bị tấn công** 비 떤 꽁
도둑	**ăn trộm** 안 쫌
마약 거래	**buôn ma túy**(痲醉) 부온 마 뚜이
갈취	**tống tiền**(送錢) 똥 띠엔
사기	**lừa**(để lấy tiền) 르어(데 러이 띠엔)
차량납치	**chặn xe cộ để cướp** 짠 새 꼬 데 끄업
살인자	**kẻ giết người** 깨 지엣 응어이
돈을 뺏기 위해 위협하다	**trấn lột** 쩐 롯
강간	**cưỡng hiếp**(强脅) 끄엉 히엡
밀수	**buôn lậu** 부온 러우
소매치기	**kẻ móc túi** 깨 목 뚜이
과속	**phóng nhanh** 퐁 냐잉
음주 운전	**uống rượu khi lái xe** 우옹 즈어우 키 라이 새
공공기물 파손	**phá hoại tài sản công cộng** 파 호아이 따이 싼 꽁 꽁

치안

베트남의 범죄 중에서 많은 비중을 차지하는 것이 도난사건으로, 현금을 많이 소지한 외국인을 대상으로 하는 도난 사건이 발생한다. 외국인이 많은 시내 중심가, 시장, 호텔 주변 등에서 자주 일어난다. 귀중품은 반드시 호텔 금고에 보관하고, 필요한 현금만 가지고 다니며 비싼 액세서리의 착용은 삼가는 것이 좋다. 특히 오토바이를 탄 날치기에 의한 피해가 많다. 이들이 노리는 것은 가방, 카메라, 목걸이, 귀걸이 등의 액세서리이므로 길을 걷거나 건널 때 소지품 관리에 세심하게 신경 써야 한다. 호찌민 시의 경우 소매치기/강도 등 길거리 범죄가 많기 때문에 늦은 시간에 홀로 다니면 범죄의 표적이 될 수 있다. 베트남 시내 중심가에 다니는 시클로(xích lô: 인력거)도 바가지요금 및 범죄로 인해 이용이 감소하는 추세이므로 대중교통은 택시나 버스를 이용하는 것이 바람직하다.

nhân viên ngân hàng	안녕하세요, 손님. 무엇이 필요하세요? **Chào anh. Anh cần gì ạ?** 짜오 아잉. 아잉 껀 지 아?
Lim	계좌를 개설하고 싶어요. **Tôi muốn mở tài khoản.** 또이 무온 머 따이 코안.
nhân viên ngân hàng	손님 여권 좀 보여 주시고 이 등록서에 정보를 기입해 주세요. **Anh cho xem hộ chiếu và điền thông tin vào tờ đăng ký này ạ.** 아잉 쪼 샘 호 찌에우 바 디엔 통 띤 바오 떠 당 끼 나이 아.
Lim	네, 여기요. 아, 현금인출 카드도 필요해요. **Vâng, đây ạ. À, tôi cần thẻ rút tiền mặt.** 벙, 더이 아. 아, 또이 껀 태 줏 띠엔 맛.
nhân viên ngân hàng	손님 다 됐어요. 손님께서는 계좌와 현금인출 카드를 지금 바로 사용하실 수 있습니다. **Của anh xong rồi ạ. Anh có thể sử dụng tài khoản và thẻ ATM từ bây giờ.** 꾸어 아잉 송 조이 아. 아잉 꼬 테 쓰 중 따이 코안 바 테 아떼머 뜨 버이 지어.
Lim	실례지만, 오늘 미국 달러 환율이 얼마인지 물어봐도 될까요? **Xin lỗi, chị cho tôi hỏi tỉ giá đôla Mĩ hôm nay bao nhiêu ạ?** 신 로이, 찌 쪼 또이 호이 띠 지아 도라 미 홈 나이 바오 니에우 아?

nhân viên ngân hàng	22,720동입니다. **22,720 đồng anh ạ.** 하이 므어이 하이 응인 버이 짬 하이 므어 동 아잉 아.
Lim	고마워요. 내가 여기서 미국 달러 또는 베트남 돈으로 출금할 수 있어요? **Cám ơn chị. Tôi có thể rút đôla Mĩ hoặc tiền Việt ở đây không ạ?** 깜 언 찌. 또이 꼬 테 줏 도라 미 호악 띠엔 비엣 어 더이 콩 아?
nhân viên ngân hàng	네, 손님. 미국 달러나 베트남 돈 모두 환전 가능해요. **Vâng. Anh có thể sử dụng tài khoản để rút đôla hoặc đổi sang tiền Việt cũng được.** 벙. 아잉 꼬 테 쓰 중 따이 코안 데 줏 도라 호악 도이 쌍 띠엔 비엣 꿍 드억.
Lim	감사합니다. **Cám ơn chị.** 깜 언 찌.

---

mở 머　열다	**rút** 줏　뽑다
tài khoản 따이 코안　계좌	**cũng được** 꿍 드억　~또한 가능하다
tờ 떠　종이	

베트남 주요 은행

베트남에서는 외국인도 자유입출금 통장을 개설하고 체크카드도 만들 수 있다. 비자 기간이 길고 여권만 있으면 계좌를 개설하고 예금통장도 만들 수 있다. 베트남 은행은 적금 상품은 없고 예금만 있다. 외국인이 통장을 만들려면 수입에 대한 증빙서류가 필요하다. 직장인의 경우 회사정보, 급여명세서와 같은 서류가 필요하다. 만약 정기적금처럼 저금하고 싶다면 다소 불편하지만 매월 같은 날짜에 은행에 가서 일정금액을 예금하면 된다. 예금 이자율은 대체로 1년인 경우 6.5~6.8%, 3년은 6.5~7.1%정도이다. 은행을 선택할 때 은행순위 및 이자율과 함께 지점의 위치도 고려해야 한다. 먼 곳을 선택하면 교통비가 많이 들고 돈을 들고 움직여야 하므로 집에서 가깝고 안전한 곳에 있는 은행을 선택하는 것이 중요하다. 참고로 베트남에서 국내 송금은 중앙은행 및 VIETCOM BANK의 이체시스템을 통한 수기거래절차를 거친다. 오후에 송금을 요청하는 경우 다음 날에 입금되는 것이 일반적이다. 해외송금은 외국환거래법에 따라 개인 및 법인의 송금 가능 여부 및 필요 증빙이 다르므로 사전 확인이 필요하다.

Tôi muốn đóng tài khoản.	계좌를 해지하고 싶어요.
Anh vui lòng cho tôi biết các thông tin cụ thể được không?	손님, 구체적인 신상정보를 알려 주시겠어요?
Anh vui lòng nhập mật mã.	비밀번호를 입력해 주세요.
Tôi cần rút tiền.	돈을 인출해야 해요.
Tôi muốn gửi 10 triệu vào tài khoản.	계좌에 천만 동을 입금시키고 싶어요.
Tôi muốn chuyển tiền sang tài khoản này.	이 계좌로 돈을 이체하고 싶어요.
Tôi muốn biết số dư trong tài khoản.	계좌 잔액이 얼마 남았는지 알고 싶어요.
Lãi suất hàng năm là bao nhiêu.	연간 이자율이 얼마인지 알려 주세요.
Tôi bị mất thẻ ngân hàng.	은행카드를 잃어버렸어요.
Tôi muốn báo là đã bị mất thẻ tín dụng.	신용카드 분실신고를 하려고요.
Tôi quên mật khẩu tài khoản ngân hàng điện tử của tôi.	인터넷 뱅킹 비밀번호를 잊어 버렸어요.
Tôi muốn đổi một ít tiền.	돈 좀 바꾸려고요.
Tỉ giá đổi sang đồng đôla là bao nhiêu?	베트남 동-달러 환율은 얼마인가요?
Máy rút tiền gần nhất ở đâu?	근처에 현금인출기는 어디 있어요?
đưa thẻ vào.	카드를 넣어 주세요.
nhập mã PIN.	비밀번호를 입력하세요.
mã PIN sai.	비밀번호가 틀렸어요.
rút thẻ ra.	카드를 꺼내세요.

수표	**séc** 쌕
신용카드	**thẻ tín dụng** 태 띤 중
비밀번호	**mật mã** 멋 마
인터넷뱅킹	**ngân hàng điện tử**(電子銀行) 응언 항 디엔 뜨
초과 인출된	**rút quá số tiền gửi** 줏 꾸아 쏘 띠엔 그이
이체	**sự chuyển** 쓰 쭈이엔
현행	**hiện hành** 히엔 하잉
송금, 예금	**tiền gửi** 띠엔 그이
잔고	**số dư** 쏘 즈
예금통장	**sổ tiết kiệm** 쏘 띠엣 끼엠
당좌 예금	**tài khoản vãng lai** 따이 코안 방 라이
담보	**việc thế chấp** 비엑 테 쩝
현금인출기(ATM)	**máy rút tiền** 마이 줏 띠엔
양식, 신청서	**phiếu** 피에우
이율	**lãi suất** 라이 쑤엇
이율 인하	**giảm lãi suất** 지암 라이 쑤엇
이율 인상	**nâng lãi suất** 넝 라이 쑤엇
약정 이율	**lãi suất hợp đồng** 라이 쑤엇 헙 동
연 이율	**lãi suất năm** 라이 쑤엇 남
대출금리	**lãi suất cho vay** 라이 쑤엇 쪼 바이
대출금	**tiền cho vay** 띠엔 쪼 바이

은행

2014년 기준으로 4대 국영 상업 은행인 농업은행(Agribank), 공상은행(Vietinbank), 투자개발은행(BIDV), 대외무역은행(Vietcombank), Mekong Housing Bank는 시장점유율이 70%에 달한다. 민영상업은행은 ACB, Sacom Bank, Exim Bank, SeA Bank, Techcom Bank, Military Bank, DongA Bank가 있다. 베트남 은행 순위는 1위 Vietin Bank, 2위 Vietcom Bank, 3위 BIDV, 4위 Techcom Bank, 5위 Military Bank이다. 베트남에 진출한 한국은행에는 한국베트남 합작은행인 신한베트남은행이 있고 이외에도 신한은행 호찌민 지점, 기업은행 호찌민 지점, 외환은행 하노이 지점, 우리은행 하노이/호찌민 지점, 국민은행 호찌민 지점 등이 있다.

Lim	안녕하세요, 나는 우편물을 보내고 싶은데요.
	Chào chị, tôi muốn gửi bưu phẩm.
	짜오 찌, 또이 무온 그이 브우 펌.
Nhân viên bưu điên	손님 이 양식표에 정보를 기입해 주세요.
	Anh vui lòng điền thông tin vào phiếu này ạ.
	아잉 부이 롱 디엔 통 띤 바오 피에우 나이 아.
Lim	기입 다 했어요.
	Tôi điền xong rồi.
	또이 디엔 송 조이.
Nhân viên bưu điên	손님 우편물을 제게 주세요.
	Anh đưa cho tôi bưu phẩm ạ.
	아잉 드어 쪼 또이 브우 펌 아.
Lim	아, 깜빡했네요. 여기요. 포장 좀 도와주세요.
	À, tôi quên. Đây ạ. Chị đóng gói giúp tôi nhé.
	아, 또이 꾸엔. 더이 아. 찌 동 고이 지웁 또이 냬.
	보내는 데 시간은 며칠이나 걸려요?
	Thời gian gửi mất mấy ngày, hả chị?
	터이 지안 그이 멋 머이 응아이, 하 찌?
Nhân viên bưu điên	만약 보통으로 보내면 2주 걸려요.
	Nếu gửi thường thì mất 2 tuần.
	네우 그이 트어 티 멋 하이 뚜언.
	만약 특급발송으로 보내면 이틀에서 사흘 걸려요.
	Nếu gửi chuyển phát nhanh thì mất từ 2 đến 3 ngày anh ạ.
	네우 그이 쭈이엔 팟 냐잉 티 멋 뜨 하이 덴 바 응아이 아잉 아.

Lim	그냥 보통으로 보낼게요.
	Tôi gửi thường thôi.
	또이 그이 트엉 토이.

Nhân viên bưu điên	네, 포장비하고 발송비 모두 이십만 동입니다.
	Vâng, cả chi phí đóng gói lẫn phí gửi là 200,000 đồng anh ạ.
	벙, 까 찌 피 동 고이 런 피 그이 라 하이 짬 동 아잉 아.

Lim	여기요, 받으세요. 그리고 편지를 보내고 신문을 사고 싶은데 어디서 사요?
	Đây, tôi gửi chị. Thế tôi muốn gửi thư và mua báo thì ở đâu hả chị?
	더이, 또이 그이 찌. 테 또이 무온 그이 트 바 무어 바오 티 어 더우 하 찌?

Nhân viên bưu điên	손님, 위층으로 가세요. 거기서 신문을 팔아요.
	Anh vui lòng lên ̀ầng trên. Ở đó có bán báo anh ạ.
	아잉 부이 롱 렌 떵 쩬. 어 도 꼬 반 바오 아잉 아.

---

gửi 그이   보내다
bưu phẩm 브우 펌   우편물
bưu điện 郵電 브우 디엔   우체국
xong 송   끝나다
đóng gói 동 고이   포장하다

thời gian 時間 터이 지안   시간
chuyển phát nhanh 쭈이엔 팟 냐잉   속달우편
cả ... lẫn 까 런   ~뿐만 아니라 ~도
phí 費 피   요금

베트남에서 한국으로 택배나 우편물을 보낼 때 베트남 우체국을 이용하거나 하노이나 호찌민 한인 밀집 지역의 한국 운송회사를 이용하는 방법이 있다. 베트남어로 의사소통이 가능하다면 간단한 편지나 엽서, 분실하거나 도착이 늦어져도 큰 손해가 없는 물건을 보낼 때에는 베트남 우체국을 이용하는 것이 좋다. 하노이나 호찌민에 한국 운송회사가 많이 진출했으므로 주요 우편물, 택배 등은 한국 운송회사에서 보내면 된다. 운송회사마다 가격 차이가 있으니 교민이 자주 이용하거나 회사의 평판, 운송요금을 꼼꼼히 확인하고 선택하는 것이 좋다.

🎧 8-10.mp3

Tôi cần mấy tấm bưu thiếp.	우편엽서 몇 장이 필요해요.
Tôi có thể mua tem ở đây được không?	여기서 우표를 살 수 있어요?
Bán cho tôi 2 bưu thiếp và 2 phong bì quốc tế.	우표엽서 두 장과 국제우편 봉투 두 개 주세요.
Tôi muốn gửi bưu phẩm này sang Hàn Quốc.	이 우편물을 한국으로 보내고 싶어요.
Tôi muốn gửi 1 thư bảo đảm đến Việt Nam.	베트남으로 등기우편 한 통을 보내고 싶어요.
Chị muốn gửi thư thường hay thư nhanh?	일반 아니면 속달우편으로 보낼까요?
Gửi bằng đường thủy hay máy bay?	해상 아니면 항공편으로 보낼까요?
Gửi bằng đường hàng không sẽ mất bao nhiêu?	항공편으로 보내면 얼마나 들까요?
Chị làm ơn đặt bưu phẩm lên bàn cân.	우편물을 저울에 올려 주시겠어요?
Nó nặng 500 gram. Như vậy sẽ mất 700,000 đồng nếu gửi qua đường hàng không.	500그램이네요. 그러면 만약에 항공편으로 보내면 7십만 동이에요.
Tôi muốn gửi chuyển phát nhanh.	특급발송으로 보낼게요.
Mất khoảng bao lâu?	얼마나 걸려요?
Mất khoảng 3 ngày.	약 3일 걸려요.
Gửi thư này đến Hàn Quốc hết bao nhiêu tiền?	이 편지를 한국으로 보내는 데 모두 얼마예요?
Giới hạn trọng lượng cao nhất là bao nhiêu?	최대 무게는 얼마까지인가요?

우편물, 소포	**bưu phẩm** 브우 펌
봉투	**phong bì** 퐁 비
우표	**tem** 땜
소포	**bưu kiện** 브우 끼엔
편지	**thư** 트
우편엽서	**bưu thiếp** 브우 티엡
항공우편	**gửi đường hàng không** 그이 드엉 항 콩
일반우편	**gửi bình thường** 그이 비잉 트엉
빠른우편	**gửi nhanh** 그이 냐잉
국제특급우편	**chuyển phát nhanh quốc tế** 쭈이엔 팟 냐잉 꾸옥 떼
우편번호	**mã bưu cục** 마 브우 꾹
우편번호	**số hòm thư** 쏘 홈 트
우편함	**hòm thư** 홈 트
규격봉투	**phong bì kích cỡ theo quy định** 퐁 비 끼익 꺼 태오 꾸이 디잉
택배서비스	**dịch vụ chuyển tận nhà** 지익 부 쭈이엔 떤 냐
내용물	**đồ vật bên trong** 도 벗 벤 쫑
반송	**gửi trả lại** 그이 짜 라이
우편물 날인	**nhật ấn** 녓 언

호찌민 중앙 우체국

호찌민 중앙 우체국 전경

호찌민에서 가장 인기 있는 관광명소 가운데 한 곳이 '호찌민 중앙 우체국(Bưu điện trung tâm Sài Gòn)'이다. 이 우체국 건물은 파리의 에펠탑을 건설한 건축가로 잘 알려진 구스타브 에펠이 설계하여 1891년에 완공되었으며 베트남 르네상스 건축 양식을 보여주는 대표적 건물로 유명하다. 식민지 시대의 19세기 건축물을 풍부하게 보유한 호찌민 시에서도 최고로 꼽히는 호찌민 중앙 우체국은 대표적 명소이다. 우체국 건물 밖으로 나가면 엽서나 예술사진, 희귀우표 등 다양한 기념품을 구입할 수 있다. 호찌민 중앙 우체국은 호찌민 노트르담 성당 바로 건너편에 있으니 성당도 함께 관광할 수 있다.

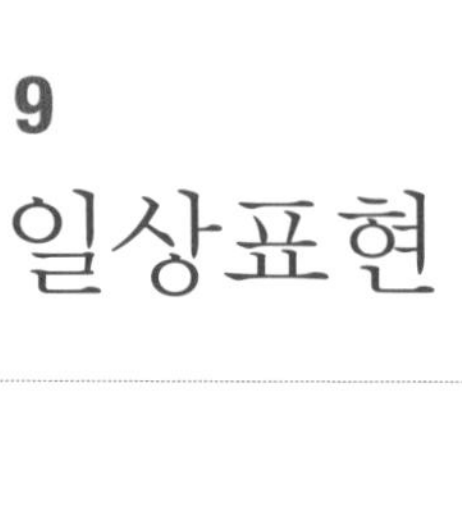

9

일상표현

Lim

내가 듣기로는 아주머니 집을 내놓았다던데 맞아요?

Tôi nghe nói chị có nhà cho thuê phải không ạ?

또이 응해 노이 찌 꼬 냐 쪼 투에 파이 콩 아?

Chủ nhà

네. 집을 빌릴 건가요?

Vâng. Anh muốn thuê à?

벙. 아잉 무온 투에 아?

Lim

네. 이 집은 언제 지었어요?

Vâng. Nhà này được xây dựng khi nào?

벙. 냐 나이 드억 서이 증 키 나오?

Chủ nhà

3년 전이에요.

Cách đây 3 năm rồi anh.

까익 더이 바 남 조이 아잉.

Lim

한 달에 얼마예요?

Bao nhiêu tiền một tháng ạ?

바오 니에우 띠엔 못 탕 아?

Chủ nhà

한 달에 750달러예요.

750 đôla một tháng.

바이 짬 남 므어이 도라 못 탕.

Lim

집은 좋지만 조금 비싼 거 같아요!

Nhà này tốt nhưng hơi đắt!

냐 나이 똣 늉 허이 닷!

Chủ nhà

이 집은 비싼 게 아니에요!

Nhà này không đắt đâu!

냐 나이 콩 닷 더우!

왜냐면 여기는 중심가, 학교와 가깝고 안전해서 생활이 매우 편리해요.

Vì ở đây rất tiện, gần trung tâm, gần trường học, an ninh tốt lại có đầy đủ tiện nghi sinh hoạt.

비 어 더이 젓 띠엔, 건 쭝 떰, 건 쯔엉 혹, 안 니잉 똣 라이 꼬 더이 두 띠엔 응히 씨잉 호앗.

Lim

고맙습니다! 집을 빌릴 의향이 있으면 다음에 아주머니한테 연락 드릴게요.

Cám ơn chị! Có gì tôi sẽ liên lạc với chị sau.

깜 언 찌! 꼬 지 또이 쌔 리엔 락 보이 찌 싸우.

---

chủ nhà 쭈 냐 집주인	**tiện** 띠엔 편리한
sinh hoạt 生活 씨잉 호앗 생활	**trung tâm** 中心 쭝 떰 중심가
hằng ngày 항 응아이 매일	**trường học** 場學 쯔엉 혹 학교
nhà ở 냐 어 집, 주택	**an ninh** 安寧 안 니잉 안전
thuê 투에 빌리다	**đầy đủ** 더이 두 충분한
cho thuê 쪼 투에 빌려 주다, 세를 주다	**tiện nghi** 便宜 띠엔 응히 편리한
xây dựng 서이 증 건설하다	**liên lạc** 聯絡 리엔 락 연락하다

임대 계약(Hợp đồng cho thuê nhà)은 부동산 업체를 통한 계약과 주인과 직접 계약하는 방법이 있다. 전자의 경우 한국인이 운영하는 부동산 업체를 통해 월세 계약을 한다. 보통 여기는 한국어를 할 수 있는 베트남인을 고용해서 베트남인 집주인과 세입자를 중계하고 계약서 작성 및 주거 절차를 대행한다. 수수료는 계약이 완료되면 보통 집주인이 총 계약금액의 10% 내외를 부동산 중개인에게 지불한다. 한국인 거주 선호 지역 위주로 매물이 있으며, 다소 비싸다는 단점이 있으나 임대 계약을 안전하게 진행할 수 있다는 장점이 있다. 후자는 베트남인 부동산 업체 또는 집주인과 직접 계약하는 형태이다. 최근에는 하노이, 호찌민 시 등에 한국인이 운영하는 부동산 업체가 상당수 진출했고, 많은 한국인이 이용한다. 초기 베트남 정착 시 안전함이나 정보력을 고려했을 때 한국인이 운영하는 부동산 업체를 통해 계약하는 편이 낫다. 사전에 베트남 이주 및 여행관련 카페나 블로그 한인회 홈페이지 등을 이용해 부동산 관련 정보를 모으고 반드시 평판이 좋은 부동산을 선택해서 계약하는 것이 임대 계약에서 혹시라도 생길 리스크를 줄이는 방법이다.

Tôi đang tìm một ngôi nhà hoặc căn hộ.	집 좀 알아보러 왔어요.
Nhà này đã được trang bị đồ đặc chưa?	이 집은 가구가 비치되어 있어요?
Nhà này hướng tây.	이 집은 서향입니다.
Giao thông công cộng có thuận tiện không?	대중교통은 편리해요?
Có bãi đỗ xe không?	주차공간은 있어요?
Đã bao gồm các tiện ích chưa?	편의시설은 다 포함되어 있어요?
Các phòng có đủ tiện nghi không?	각 방에는 편의시설을 갖추고 있습니까?
Đủ. Phòng nào cũng có điều hòa nhiệt độ.	충분해요. 모든 방에는 냉난방 시설이 있어요.
Trong phòng có máy điều hòa không?	방 안에는 에어컨이 있어요?
Có cho phép thú cưng hay không?	애완동물은 허용되나요?
Gía thuê nhà hàng tháng là bao nhiêu?	집세는 한 달에 얼마예요?
Chị nghĩ giá thuê nhà khoảng bao nhiêu?	집세는 얼마 정도로 생각하세요?
Tiền đặt cọc là bao nhiều?	보증금은 얼마예요?
Chị trả trước hai tháng. sau đó, mỗi tháng trả một lần vào đầu tháng.	두 달 선불금 내고, 그다음에는 매월 초에 한 번씩 집세를 내면 돼요.
Chị có khả năng tài chính bao nhiêu?	재정은 얼마나 가능하세요?
Chị có thể chuyển đến?	언제 이사 올 수 있어요?
Tiền nhà không kể tiền điện và tiền nước.	집세에는 전기세와 수도세가 포함되지 않아요.

집	**ngôi nhà** 응오이 냐
단독주택	**nhà riêng** 냐 지엥
아파트	**chung cư** 쭝 끄
빌라	**biệt thự** (別墅) 비엣 트
연립주택	**liền kề** 리엔 께
기숙사	**kí túc xá** (寄宿舍) 끼 뚝 사
초가집	**nhà tranh** 냐 짜잉
바닥이 높은 원두막집	**nhà sàn** 냐 싼
빌딩	**tòa nhà** 또아 냐
하숙집	**nhà trọ** 냐 쪼
원룸	**phòng mọi thứ trong một** 퐁 모이 트 쫑 못
지붕	**mái** 마이
벽	**tường** 뜨엉
문	**cửa** 끄어
발코니	**ban công** 반 꽁
주방	**phòng ăn** 퐁 안
욕실	**phòng tắm** 퐁 땀
침실	**phòng ngủ** 퐁 응우
벽장	**tủ âm tường** 뚜 엄 뜨엉
지하실	**phòng dưới đất** 퐁 즈어이 덧
1층(ground floor)	**tầng trệt** 떵 쩻
2층	**tầng hai** 떵 하이
차고	**ga ra** 가 자
정원	**vườn** 브언

임대 계약

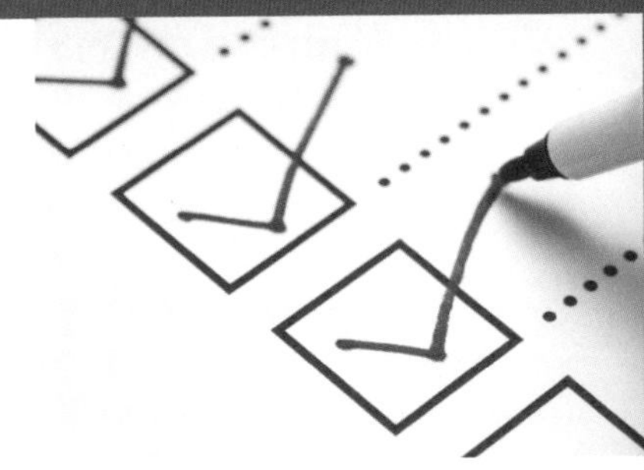

성공적으로 집을 임대하기 위해서
다음 방법을 참고할 수 있다.

1. 한국에서 베트남 관련 카페나 블로그, SNS 등을 통해서 현지의 부동산 정보
   와 부동산 중개인을 파악한다.
2. 자신의 직장과 자녀의 학교 통학 거리, 주변의 교통·쇼핑·환경 등을 고려해
   서 예상 주거지 후보를 몇 군데 선정한다.
3. 현지 부동산 업체를 통해 자신의 주거 희망 후보에 대한 자세한 정보를 획득
   하고, 집을 둘러보러 갈 약속을 정한다.
4. 풀 옵션 또는 노 옵션을 선택한다. 풀 옵션인 경우, 침대, 에어컨, TV, 냉장고,
   세탁기, 전자레인지, 가스레인지, 냉온수기 등이 설치되었는데 집마다 조금
   씩 차이가 있다. 그리고 비용이 노 옵션보다 20~30%가량 비싸다. 옵션에 따
   라 한국에서 베트남으로 보내는 이삿짐 내용이 달라지고 국제이사 비용도 짐
   의 양에 따라 달라진다.
5. 베트남 입국 직후에는 며칠간 호텔에 묵으면서 자신의 직장과 자녀의 학교
   등 현지답사를 하고 주거 후보군에 대해서 부동산 중개인과 집을 둘러본다.
6. 집 상태와 자신의 직장과 자녀의 학교까지의 이동거리, 교통수단, 학원, 주변
   편의시설 등을 복합적으로 고려해서 최적의 집을 계약한다.
7. 국제이사 업체에 집 주소를 통보하고 수령날짜를 확인한다. 집주인과 부동산
   업체, SNS 등을 통해서 필수 생활정보를 미리 얻는 방법도 있다.

Chủ nhà   여권 좀 주시겠어요.

Anh cho tôi xem hộ chiếu của anh nhé.

아잉 쪼 또이 샘 호 찌에우 꾸어 아잉 내.

Lim   여기요. 집주인의 주민등록증을 확인할 수 있을까요?

Đây ạ. Tôi muốn xem chứng minh nhân dân của chị, được không?

더이 아. 또이 무온 샘 쫑 미잉 년 전 꾸어 찌, 드억 콩?

Chủ nhà   되고말고요! 여기요.

Được chứ! Đây.

드억 쯔! 더이.

Lim   사진을 찍어도 될까요?

Tôi chụp ảnh được không?

또이 쯥 아잉 드억 콩?

Chủ nhà   물론 가능하죠.

Tất nhiên là được.

떳 니엔 라 드억.

Lim   만약에 집에 문제가 생기면 어떻게 하면 돼요?

Nếu có vấn đề gì thì làm thế nào?

네우 꼬 번 데 지 티 람 테 나오?

Chủ nhà   만약에 그러면, 나에게 바로 전화하세요.

Nếu vậy, anh gọi cho tôi ngay nhé.

네우 버이, 아잉 고이 쪼 또이 응아이 내.

Lim	언제 보증금을 받을 수 있나요?

Khi nào tôi nhận được tiền đặt cọc?

키 나오 또이 년 드억 띠엔 닷 꼭?

Chủ nhà	이사하시기 전에요. 걱정 마세요!

Trước khi anh trả lại nhà cho tôi.

Anh yên tâm đi!

쯔억 키 아잉 짜 라이 냐 쪼 또이. 아잉 이엔 떰 디!

Lim	만약에 계약을 연장하고 싶으면 어떻게 하면 되죠?

Nếu tôi muốn kéo dài hợp đồng thì làm thế nào?

네우 또이 무온 깨오 자이 협 동 티 람 테 나오?

Chủ nhà	한 달 전에 제게 통보해 주세요.

Anh thông báo cho tôi trước 1 tháng nhé.

아잉 통 바오 쪼 또이 쯔억 못 탕 냬.

---

hợp đồng 合同 협 동　계약	**trả lại** 짜 라이　되갚다
chứng minh nhân dân 쯩 미잉 년 전　주민등록증	**yên tâm** 安心 이엔 떰　안심하다
vấn đề 問題 번 데　문제	**kéo dài** 깨오 자이　연장하다
nhận 認 년　받다	**thông báo** 通報 통 바오　통보하다

베트남에 살면서 한국인들의 우려와 문제가 많이 발생하는 부분이 주거 임대
계약이다. 계약시 아래 사항을 꼼꼼히 확인하자.

1. 계약서는 반드시 집주인이 포함되어야 한다. 베트남도 집 등기부 등본,
   주민등록증 등 관련 서류를 계약자에게 공개하도록 되어 있기 때문에,
   집주인 없이 부동산 업체와 계약할 경우 부동산의 사기계약 피해자가 될
   수 있다.
2. 집 내부의 시설물, 가구, 에어컨, 수도꼭지 등을 꼼꼼히 살펴야 한다.
   가구 및 전자제품의 경우 반드시 고장 유무를 확인하고, 이상이 있을
   경우 부동산 및 집주인을 통해 교체를 요구해야 한다. 특히, 습기가 많은
   하노이의 경우 벽지에 곰팡이가 있는지 없는지 잘 살펴보고 곰팡이가
   있다면 부동산 중개인 및 집주인에게 통보하고 교체해야 한다.
3. 입주 후 거주신고가 되었는지 꼭 확인해야 한다. 외국인이 입주할 경우
   관할경찰서에 거주 신고를 해야 한다. 보통 부동산에서 계약이 완료되면
   거주신고를 대행해 준다.

Tôi phải ký hợp đồng cho đến lúc nào?	계약은 언제까지 해야 합니까?
Có cần cái gì để ký hợp đồng không?	계약에 필요한 게 있어요?
Tôi sẽ hợp đồng nhà này.	이 집으로 계약할게요.
Tôi sẽ nhận nhà này.	이 집으로 할게요.
Hãy ký hợp đồng nào.	계약합시다.
Ký tên vào đây được không?	여기에 서명하면 돼요?
Tôi muốn hủy hợp đồng.	계약을 해지하고 싶어요.
Tôi muốn gia hạn hợp đồng.	계약을 연장하고 싶어요.
Đừng tăng tiền thuê nhà!	집세를 올리지 마세요!
Chị gọi thợ sửa giúp tôi điều hòa với.	에어컨 수리공을 불러 주세요.
Mùa hè rất nóng, gia đình tôi phải dùng điều hòa.	여름에 무척 더워요. 에어컨을 사용해야 해요.
Áp lực nước yếu nên nước không chảy mạnh. Chị xử lý vấn đề này giúp tôi nhé.	수압이 약해서 물이 잘 안 나와요. 이 문제를 조치해 주세요.
Ông có thể giúp tôi làm rõ một vài điều không?	몇 가지 좀 확실히 하게끔 도와주세요.
Khi nào chúng tôi được thanh toán?	지불은 언제입니까?
Chúng tôi muốn được đặt cọc 20%.	계약금으로 20%를 지불해 주세요.

세입자	**người thuê** 응어이 투에
보증금	**tiền đặt cọc** 띠엔 닷 꼭
집세	**tiền thuê nhà** 띠엔 투에 냐
부동산	**bất động sản** (不動産) 벗 동 싼
세놓은 집	**nhà cho thuê** 냐 쪼 투에
집 매매 계약서	**giấy hợp đồng thuê nhà** 지어이 헙 동 투에 냐
매매가가 합의된	**đang được trả giá** 당 드억 짜 지아
의무와 권리	**nghĩa vụ** (義務) **và quyền** (權) 응히어 부 바 꾸이엔
지불 방식	**phương thức thanh toán** 프엉 특 타잉 또안
책임	**trách nhiệm** (責任) 짜익 니엠
양측 서약	**cam kết của các bên** 깜 껫 꾸어 깍 벤
보수하다	**sửa chữa** 쓰어 쯔어
집을 인도하다	**giao nhà** 지아오 냐
알맞은 계약	**đúng hợp đồng** (-合同) 둥 헙 동
보장하다	**bảo đảm** 바오 담
납기일	**đúng kỳ hạn** (-期限) 둥 끼 한
합의하다	**thỏa thuận** 토아 투언
개조하다	**cải tạo** 까이 따오
집을 보존하다	**giữ gìn nhà** 지으 진 냐
개인이 일으킨 파손	**hư hỏng do mình gây ra** 흐 홍 조 미잉 거이 자
집을 반납하다	**trả nhà** 짜 냐
동의하다	**đồng ý** (同意) 동 의
기 합의된 조건	**điều kiện** (條件) **đã thỏa thuận** 디에우 끼엔 다 토아 투언
수리를 요구하다	**yêu cầu** (要求) **sửa chữa** 이에우 꺼우 쓰어 쯔어
심하게 파손된	**hư hỏng nặng** 흐 홍 낭

아파트 거주지

하노이에서 한국인이 선호하는 아파트 거주지는 미딩(Mỹ đình), 쭝화(Trung hòa), 하동(Hà Đông), 서호(Tây Hồ) 지역이다.

구분	아파트명	풀옵션(1달,'17년)	비고
미딩	경남	$1,200~$2,300	하노이 랜드마크
	더 매너	$1,100~$1,600	입시학원 주변
	골든팰리스	$900~$1,300	최신 근린시설
쭝화	쭝화	$600~$1,100	2005년 입주
	스타시티	$600~$1,000	2014년 입주
	만다린	$1,200~$2,500	2013년 입주
	로열시티	$850~$1,600	2013년 입주
	탕롱 넘버원	$850~$1,350	2015년 입주
	인도차이나	$1,100~$1,800	한국국제학교에서 차로 10분 거리
하동	힐스테이트	$650~$1,000	2013년 입주
	멀버리	$400~$850	원룸, 하동입구
서호	시푸차	$850~$2,300	외국인 다수
외곽	스플랜도라	$650~$2,200	아파트, 빌라

경남아파트

더 매너아파트

쭝화아파트

현대 힐스테이트

시푸차아파트

스플랜도라 빌라

- 아파트 단지 주위는 생활 근린시설과 도로망이 발달되어 있으며, 기본옵션가는 풀옵션 대비 $150~$300 저렴하다.

Nhân viên	여보세요? 안카인 가스집입니다.
	Alô? Cửa hàng gas An Khánh nghe đây ạ.
	아로? 끄어 항 가 안 카잉 응애 더이 아.
Lim	여보세요? 여기는 스플랜도라 아파트 803호인데요. 가스 한 통 갖다 주세요.
	Alô? Đây là phòng 803 chung cư Splendora. Cho tôi 1 bình gas nhé.
	아로? 더이 라 퐁 땀 콩 바 쭝 끄 쓰프랜도라. 쪼 또이 못 비잉 가 내.
Nhân viên	알겠습니다. 잠시만 기다리세요.
	Dạ vâng. Anh chờ một lát nhé.
	자 벙. 아잉 쩌 못 랏 내.
	(직원이 집을 방문한 뒤…)
Nhân viên	다 됐습니다. 보증금도 내셔야 해요.
	Hết rồi ạ. Anh phải nộp tiền đặt cọc.
	헷 조이 아. 아잉 파이 놉 띠엔 닷 꼭.
Lim	알겠습니다. 총 얼마예요?
	OK. Tổng bao nhiêu anh?
	오케이. 똥 바오 니에우 아잉?
Nhân viên	총 600,000동입니다.
	Tổng là 600,000 đồng.
	똥 라 싸우 짬 응힌 동.

Lim	여기요. 가스 한 통에 보통 몇 달 쓰나요? **Đây. Một bình gas sử dụng khoảng mấy tháng?** 더이. 못 비잉 가 쓰 중 코앙 머이 탕?
Nhân viên	얼마나 사용하느냐에 달렸어요. **Cũng còn tùy anh ạ.** 꿍 꼰 뚜이 아잉 아. 만약 하루에 세 번 식사를 하신다면 약 두 달 정도 사용하시고. **Nếu anh nấu ăn 3 bữa 1 ngày thì Khoảng 2 tháng 1 bình.** 네우 아잉 너우 안 바 브어 못 응아이 티 코앙 하이 탕 못 비잉. 하지만 만약 집에서 조금만 드신다면 여섯 달도 사용할 수 있어요. **Nhưng nếu anh ít ăn ở nhà thì 1 bình có thể dùng được 6 tháng.** 늉 네우 아잉 잇 안 어 냐 티 못 비잉 꼬 테 중 드억 싸우 탕. 여기 영수증이요. **Đây là hóa đơn ạ.** 더이 라 호아 던 아.

đặt hàng 닷 항 주문하다		**một lát** 못 랏 잠시	
đồ gia dụng 도 지아 중 생활용품		**cũng còn** 꿍 꼰 또한	
gas 가 가스		**tùy** 뚜이 ~에 달렸다	
bình 삐 비잉 통		**nấu ăn** 너우 안 요리하다	

예전에는 생필품 가게가 소규모로 가격도 제각각이었지만, 최근 들어 롯데마트, Big-C, VinMart, AEONMALL, Wallmart, emart, K-market 등 우리나라와 유사한 형태로 운영되고 있다. 정찰제 가격으로 판매되며, 대부분 배달서비스 이용이 가능하다.

🎧 9-6.mp3

Cho tôi 3 bình nước Lavie 19 lít nhé.	라비에 생수 19리터 3통 갖다 주세요.
Có chuyển tận nơi cho tôi không?	배달해 줘요?
Khoảng bao giờ tôi có thể nhận hàng chuyển đến được?	언제쯤 (내가) 배달받을 수 있어요?
Bao giờ thì mang đến cho tôi?	언제 배달해 줘요?
Có chuyển đến tận nhà không?	집까지 배달해 주나요?
Làm ơn giao hàng thực phẩm tới địa chỉ này giúp tôi nhé!	이 식품들을 여기 주소로 배달 좀 해 주세요!
Làm ơn giao hàng cải thảo tới nhà giúp tôi nhé!	배추를 집으로 배달 좀 해 주세요!
Anh đã chữa máy tính xong chưa?	컴퓨터 수리 다 되었나요?
Tôi nhờ giặt là.	세탁 부탁합니다.
Chị cho tôi biết các đồ gia dụng bán ở đâu?	생활용품은 어디서 파는지 알려 주시겠어요?
Ở gần đây có tiệm tạp hóa không?	근처에 잡화점이 있어요?
Anh có thêm thứ gì nữa không ạ?	뭐 더 필요한 거 있어요
Chờ tôi chút... 3 café đen vui lòng cho tôi hóa đơn luôn.	잠깐만요... 블랙커피 3개에 영수증 부탁해요.
OK. Cả thảy hết 500,000 đồng.	예. 모두 오십만 동입니다.

가구	**đồ dùng trong nhà** 도 중 쫑 냐
가전제품	**đồ điện gia đình** 도 디엔 지아 딩
세탁기	**máy giặt** 마이 지앗
선풍기	**quạt điện** 꾸앗 디엔
진공청소기	**máy hút bụi** 마이 훗 부이
공기청정기	**máy lọc không khí** (--空氣) 마이 록 콩 키
생활용품	**Đồ dùng sinh hoạt** (--用生活) 도 중 씨잉 호앗
걸레	**rẻ lau nhà** 재 라우 냐
쓰레받기	**cái hót rác** 까이 훗 작
세제	**xà phòng bột** 싸 퐁 봇
비누	**xà phòng bánh** 사 퐁 바잉
치약	**kem đánh răng** 깸 다잉 장
화장품	**mỹ phẩm** 미 펌
헤어드라이기	**máy xấy tóc** 마이 서이 똑
빗자루	**chổi** 쩌이
린스	**dầu xa** 저우 사
화장지	**giấy vệ sinh** 지어이 베 씨잉
주방용품	**đồ dùng trong bếp** 도 중 쫑 벱
가스레인지	**bếp ga** 벱 가
전자레인지	**lò vi sóng** 로 비 쏭
전기밥솥	**nồi cơm điện** 노이 껌 디엔
정수기	**máy lọc nước** 마이 록 느억
싱크대	**bồn rửa bát** 본 즈어 밧

생활용품 배달

베트남에서는 도시지역 가스시설이 되어 있지 않기 때문에 각 가정에서는 프로
판 가스를 사용한다. 새로 생긴 아파트는 인덕션 레인지(Induction Range)가 설
치된 곳도 있다. 식수는 수돗물에 석회질 성분이 있어서 바로 먹을 수 없고 대부
분 생수를 주문해서 먹거나 정수기를 설치한다. 프로판 가스는 가스업체에 주문
해서 사용하고 생수는 집과 가까운 마트에서 주문해 먹는다. 주문할 때 한국어
가 가능한 곳도 있지만 주로 베트남어로 주문해야 한다. 프로판 가스나 생수 한
통은 물건에 사용하는 'cái'가 아니라 'binh(통)'을 사용한다. 가스는 가정에 따라
차이가 있고 보통 2~3개월 한 번 주문하게 되는데 'một bình gas'라고 말한다.
생수는 보통 19L 세 개부터 가정으로 배달한다.

Lim	뭐 좀 물어볼게요. 관리비는 언제 납부해요? **Làm ơn cho tôi hỏi.** **Khi nào tôi có thể nộp phí dịch vụ?** 람 언 쪼 또이 호이. 키 나오 또이 꼬 테 놉 피 지익 부?
Nhân viên phòng quản lý	매월 마지막 주 금요일, 토요일이요. **Thứ 6 và thứ 7 của tuần cuối tháng ạ.** 트 싸우 바 트 바이 꾸어 뚜언 꾸오이 탕 아.
Lim	관리비는 얼마예요? **Phí quản lý bao nhiêu ạ?** 피 꾸안 리 바오 니에우 아?
Nhân viên phòng quản lý	한 달에 100만 동이에요. **1,000,000 đồng một tháng.** 못 찌에우 동 못 탕.
Lim	전기요금은 언제 내요? **Khi nào tôi có thể nộp tiền điện?** 키 나오 또이 꼬 테 놉 띠엔 디엔?
Nhân viên phòng quản lý	매월 마지막 주 금요일, 토요일입니다. **Cũng là thứ 6, 7 tuần cuối mỗi tháng.** 꿍 라 트 싸우, 트 바이 뚜언 꾸오이 모이 탕. 전기회사 직원에게 내면 됩니다. **Anh nộp tiền điện cho nhân viên công ty điện.** 아잉 놉 띠엔 디엔 쪼 년 비엔 꽁 띠 디엔.

Lim	수도요금은요?

Nộp tiền nước thế nào?

놉 띠엔 느억 테 나오?

Nhân viên phòng quản lý	직원이 매월 셋째 주에 수도요금을 받으러 집을 방문할 거예요.

Nhân viên sẽ đến nhà anh để thu tiền nước thứ ba hàng tuần.

년 비엔 쌔 덴 냐 아잉 데 투 띠엔 느억 트 바 항 뚜언.

Lim	지금 관리비를 낼게요. 백만 동이요.

Tôi muốn nộp phí dịch vụ bây giờ. 1,000,000 đồng đây ạ.

또이 무온 놉 피 지익 부 버이 지어. 못 찌에우 동 더이 아.

Nhân viên phòng quản lý	네, 감사히 받았습니다. 여기 영수증입니다. 여기에 서명해 주시겠어요?

Dạ vâng, em xin. Đây là hoá đơn ạ. Anh ký vào đây được không ạ?

자 벙, 앰 신. 더이 라 호아 던 아. 아잉 끼 바오 더이 드억 콩 아?

---

nộp 놉 납부하다

điện 電 디엔 전기

dọn nhà 존 냐 이사하다

tới 떠이 도착하다, 오다

làm ơn 람 언 호의를 베풀다

cuối tháng 꾸오이 탕 월말

em xin 앰 신 받을 때 공손한 표현

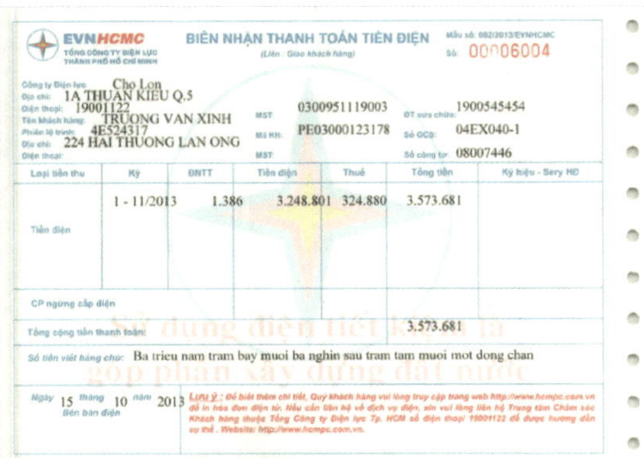

베트남에서 사용하는 공공요금, 즉 전기, 수도, 관리비 등은 아파트에 사는 경우 대개 매월 정해진 날짜에 관리사무소에 직접 납부하거나 계좌이체를 한다. 전기세의 경우 한국처럼 많이 사용할수록 요금이 올라가는 누진제를 적용하지만 한국보다 싼 편이다. 수도요금이나 관리비도 한국보다는 요금이 저렴하다. 공공요금을 납부해도 가끔 누락되는 경우가 있으니 납부하고 받은 영수증은 반드시 6개월 이상 보관해야 한다. 또한 처음 집을 계약하고 들어가는 달에는 이전 사용자가 납부하지 않은 것이 다음 사용자에게 누계되어 청구되는 경우도 있으니 계약할 때 꼼꼼히 확인하고 납부하도록 해야 한다.

Nhà anh số bao nhiêu ạ?	몇 호예요?
Tôi đã nộp phí quản lý chung cư rồi.	아파트 관리비를 이미 냈어요.
Tôi sẽ trả tiền điện quá hạn.	밀린 전기요금을 낼게요.
Hóa đơn tiền điện của chị đã quá hạn được hai tháng.	전기요금이 두 달 연체되었어요.
Tôi trả tiền điện chính xác từng tháng.	나는 다달이 전기요금을 꼬박꼬박 납부해요.
Anh chưa thanh toán tiền điện.	아직 전기요금 결산이 안 됐어요.
Sau ngày mai anh chưa thanh toán tiền điện, thì sẽ bị cắt điện theo quy định.	내일 이후에 전기요금을 결산하지 않는다면, 규정에 따라 전기를 잠시 끊어요.
Xin chân thành cảm ơn!	진심으로 감사드립니다!
Hãy kiểm tra lại giúp đi.	다시 확인해 주세요.
Tôi vào phòng được không?	들어가도 될까요?
xin mời vào.	들어오세요.
Hiện giờ hệ thống đang bị sập.	현재 시스템이 다운됐어요.
Máy fax ở trên cái bàn đằng kia.	팩스는 저기 책상 위에 있어요.
Anh ấy không có ở cơ quan.	그는 사무실에 없어요.
Tôi sẽ quay lại lúc 1 giờ chiều.	오후 1시에 다시 올게요.

하노이 시 전력 총 회사	**Tổng công ty Điện Lực TP Hà Nội** 똥 꽁 띠 디엔 륵 타잉 포 하 노이
전기요금 통보	**thông báo**(通報) **tiền điện** 통 바오 띠엔 디엔
친애하는 고객님	**kính gửi khách hàng** 끼잉 그이 카익 항
고객번호	**mã số khách hàng** 마 쏘 카익 항
세대수	**số hộ** 쏘 호
정중하게 알림	**kính báo** 끼잉 바오
금액	**số tiền** 쏘 띠엔
건물 관리반	**Ban quản lý tòa nhà** 반 꾸안 리 또아 냐
잠시 중단하다	**tạm ngừng** 땀 으응
요금 인상	**tăng phí công cộng**(一公共) 땅 피 꽁 꽁
공공생활	**sinh hoạt công cộng**(生活公共) 씨잉 호앗 꽁 꽁
보험	**bảo hiểm**(保險) 바오 히엠
공공요금 안내	**hướng dẫn nộp phí công cộng** 흐엉 전 피 꽁 꽁
인터넷 납부	**nộp phí qua hệ thống Internet** 놉 피 꾸아 헤 통 인터넷
권리	**quyền lợi**(權利) 꾸이엔 로이
기한	**trong kỳ hạn**(-期限) 쫑 끼 한
연체료	**phí nộp trễ** 피 놉 쩨
추가 요금을 내다	**nộp thêm phí phụ thu** 놉 템 피 푸 투
미납된 요금을 납부하다	**nộp phí còn nợ** 놉 피 꼰 노

가전제품

생필품 조달에는 문제가 없으며 한국산 제품은 현지 제품보다 비싸다. 외국인 전용 아파트의 경우 임대료가 고가이기 때문에 가구 및 비품 등이 완비된 경우가 대부분이지만 일반 주택의 경우 가구 및 비품이 없어 임차인이 직접 사야 한다. 전자제품의 경우 TV나 VTR은 한국과는 다른 PAL 방식이기 때문에 한국에서 직접 가져오거나 현지에서 구입할 때 PAL 및 NTSC 방식이 모두 가능한 멀티형으로 구입하는 것이 좋다. 기타 가전제품은 220V가 대부분이나 110V의 경우도 있다. 최근 시내에 현대식 슈퍼마켓이 많이 생겨난 까닭에 기타 소모품 구입에는 별 문제가 없다.

Lim

여기 체육관 등록을 하고 싶은데요. 뭐 좀 물어 볼게요. 한 달에 얼마예요?

Tôi muốn đăng ký tập gym ở đây. Làm ơn cho tôi hỏi. Bao nhiêu tiền một tháng?

또이 무온 당 끼 떱 짐 어 더이. 람 언 쪼 또이 호이. 바오 니에우 띠엔 못 탕?

Nhân viên Gym

네, 한 달에 50만 동이에요. 만약 장기간 등록하면 할인돼요.

Dạ, 500,000 đồng 1 tháng. Nếu anh đăng ký tập lâu sẽ được giảm giá đấy.

자, 남 짬 응힌 동 못 탕. 네우 아잉 당 끼 떱 러우 쌔 드억 지암 지아 더이.

6개월은 270만 동이고요, 1년은 500만 동이에요.

2,700,000 đồng 6 tháng, 5,000,000 đồng 1 năm ạ.

하이 찌에우 바이 짬 응힌 동 싸우 탕, 남 찌에우 응힌 동 못 남 아.

Lim

여기 샤워장이 있어요? 한번 봐도 될까요?

Ở đây có phòng tắm không?
Tôi xem thử được không?

어 더이 꼬 퐁 땀 콩? 또이 쌤 트 드억 콩?

Nhân viên Gym

물론이죠.

Dĩ nhiên rồi.

지 니엔 조이.

Lim

헬스장은 몇 시부터 몇 시까지 문을 열어요?

Phòng tập mở cửa từ mấy giờ đến mấy giờ?

퐁 떱 머 꾸어 뜨 머이 지어 덴 머이 지어?

Nhân viên Gym

아침 6시부터 10시까지요.

Từ 6 giờ sáng đến 10 giờ đêm ạ.

뜨 싸우 지어 쌍 덴 므어이 지어 뎀 아.

Lim	그러면 오늘 1개월 등록할게요.
	Thế thì tôi sẽ đăng ký 1 tháng từ hôm nay nhé.
	테 티 또 쌔 당 끼 못 탕 뜨 홈 나이 냬.
	(수영장에서...)
Lim	안녕하세요! 여기 수영하는 표 한 사람에 얼마예요?
	Chào em! Vé bơi ở đây bao nhiêu một người?
	짜오 앰! 배 버이 어 더이 바오 니에우 못 응어이?
Nhân viên bể bơi	안녕하세요. 8만 동이에요.
	Chào anh. 80,000 đồng ạ.
	짜오 아잉. 땀 므어이 응힌 동 아.
Lim	여기요. 3명이니깐 24만 동이요.
	Gửi em. 3 người thì 240,000 đồng.
	그이 앰. 바 응어이 티 하이 짬 본 므어이 응힌 동.
Nhân viên bể bơi	3명이면 1명 무료예요.
	Nếu 3 người thì 1 người sẽ được miễn phí.
	네우 바 응어이 티 못 응어이 쌔 드억 미엔 피.

---

tập gym 떱 짐   체육관   **dĩ nhiên** 己然 지 니엔   당연히
tập thể dục 떱 테 죽   운동하다

하노이 아파트 단지 내 수영장

베트남은 날씨가 덥기 때문에 야외보다는 실내 여가 활동을 선호한다. 노래방, 당구장, 헬스클럽이 중심가 지역에 있다. 다만 외국인이 안전하게 이용할 수 있는 수준의 장소는 시내 중심, 아파트 지역 등 제한적이다. 주말, 휴일에 주로 골프, 테니스, 수영 등의 운동을 한다. 회원에 가입하지 않았을 경우 약 120달러 수준으로 비싼 편이다. 보통 대형 아파트 단지 내에는 헬스장이나 수영장이 있다. 아파트에 따라 다르지만, 유료인 경우가 대부분이다. 요금을 여러 달을 한 번에 내기도 하고, 매회 내기도 한다. 특히 베트남 북부지역은 5월부터 10월까지 무더운 날씨로 아파트 단지 내에 야외수영장을 개장한다.

Chị thích môn thể thao nào nhất?	언니는 무슨 스포츠를 제일 좋아해요?
Môn thể thao yêu thích của chị là bơi lội.	내가 좋아하는 스포츠는 수영이에요.
Bơi lội là 1 môn thể thao rất hữu ích.	수영은 유익한 스포츠예요.
Chị có hay tập luyện không?	얼마나 자주 연습하세요?
Tôi thường xuyên tập thể dục.	나는 종종 운동해요.
Tôi ít tập thể dục.	나는 운동 부족이에요.
Em có thích xem hoặc chơi thể thao không?	스포츠 보는 걸 좋아하니 아니면 하는 걸 좋아하니?
Anh chơi với 1 trận bowling nữa nhé.	볼링 한 게임 더 해요.
Anh thấy môn thể thao thịnh hành nhất ở Việt Nam là gì?	형이 볼 때, 베트남에서 가장 대중적인 스포츠는 뭐예요?
Việt Nam có hàng triệu cổ động viên bóng đá cuồng nhiệt.	베트남에는 수백만 명의 축구 열성팬이 있어요.
Chị thích môn thể thao nào hơn bóng rổ hay bóng chày?	농구와 야구 중에 어느 스포츠를 더 좋아해요?
Thú thật, tôi không quan tâm đến mấy môn đó.	사실, 나는 그 스포츠에 관심이 없어요.
Tôi thấy mọi người đều thích môn bóng rổ mà.	내 생각에는 모든 사람이 농구를 좋아하던데요.
Đội của tôi đã thắng đội của anh ấy.	내 팀이 형님 팀을 이겼어요.
Hiện tại tỷ số đang là 2-2.	현재 스코어는 2대 2예요.

스포츠 종목	**môn thể thao** 몬 테 타오
달리기	**chạy** 짜이
걷기	**đi bộ** 디 보
사이클링	**đạp xe** 답 새
보디빌딩	**thể hình** 테 히잉
양궁	**bắn cung** 반 꿍
사격	**bắn súng** 반 쑹
야구	**bóng chày** 봉 짜이
농구	**bóng rổ** 봉 조
배구	**bóng chuyền** 봉 쭈이엔
축구	**bóng đá** 봉 다
풋살	**bóng đá trong nhà** 봉 다 쫑 냐
핸드볼	**bóng ném** 봉 냄
제기차기	**đá cầu** 다 꺼우
수영	**bơi** 버이
카누와 카야킹	**đua thuyền canoe và kayak** 두어 투이엔 까노 바 까약
장기	**cờ tướng** 꺼 뜨엉
체스	**cờ vua** 꺼 부어
볼링	**bowling** 보우링
골프	**đánh gôn** 다잉 곤

영화관

하노이 국가 영화관

베트남의 영화관은 CGV, 롯데시네마, 국가 및 시에서 운영하는 영화관이 있다. CGV나 롯데시네마는 한국의 시설 수준과 비슷하다. 관람료는 한국과 비교하자면 30~70% 수준이다. 특히, 베트남은 어린이 및 청소년 관람기준을 엄격히 적용한다. 나이에 따라 전 연령 관람 가능(P), 13세 이상(C13), 16세(C16), 18세 이상(C18)으로 구분한다. 해외영화는 해당 언어와 베트남어 자막이 나오고, 베트남 영화는 보통 베트남어와 영어 자막이 나온다.

(남자)

Lim

여기 사진처럼 머리카락 잘라 주세요.

Anh cắt tóc như ảnh này giúp tôi nhé.

아잉 깟 똑 뉴 아잉 나이 지웁 또이 냬.

Thợ cắt tóc nam

아쉽지만, 머리카락이 너무 짧아서 사진처럼 자를 수 없어요.

Tiếc là tôi không thể cắt cho anh như thế này được vì tóc của anh quá ngắn.

띠엑 라 또이 콩 테 깟 쪼 아잉 뉴 테 나이 드억 비 똑 꾸어 아잉 꾸아 응안.

Lim

그렇다면 옆머리와 뒷머리는 여기까지 아주 짧게 자르고요.

Vậy thì phần bên và sau thì để ngắn đến đây.

버이 티 펀 벤 바 싸우 티 데 응안 덴 더이.

그리고 앞머리는 조금 다듬어 주세요.

Còn phần mái thì tỉa một chút thôi.

꼰 펀 마이 티 띠어 못 쭛 토이.

Thợ cắt tóc nam

이제 면도해 드릴게요.

Vậy tôi cạo râu cho anh nhé.

버이 또이 까오 저우 쪼 아잉 냬.

다 됐어요. 머리 감으실 건가요?

Rồi. Anh muốn gội đầu không?

조이. 아잉 무온 고이 더우 콩?

(여자)

Cha

파마하고요, 하는 김에 염색도 하려고요.

Tôi định uốn tóc, tiện thể nhuộm tóc luôn.

또이 디잉 우온 똑, 띠엔 테 뉴옴 똑 루온.

Thợ uốn tóc

네, 파마는 어떻게 하실 거예요?

Dạ, chị định uốn tóc thế nào?

자, 찌 디잉 우온 똑 테 나오?

Cha

머리카락 끝부분 10㎝ 정도만 파마할 거예요.

Tôi muốn uốn chỉ 10 xăng-ti-mét ở phần đuôi tóc.

또이 무온 우온 찌 므어이 쌍-띠-맷 어 펀 두오이 똑.

Thợ uốn tóc

염색은 무슨 색으로 하시겠어요?
제 생각에는 밝은 갈색이 제일 어울릴 것 같아요.

Chị muốn nhuộm màu nào?

Theo em màu nâu nhạt hợp với chị nhất.

찌 무온 뉴옴 마우 나오? 태오 엠 마우 너우 냣 헙 버이 찌 녓.

---

cắt tóc nam 깟 똑 남 남자 이발
ảnh 影 아잉 사진
ngắn 응안 짧은
phần 分 펀 부분

tỉa 띠어 다듬다
uốn tóc 우온 똑 파마하다
tiện thể 띠엔 테 ~하는 김에
nhuộm 뉴옴 염색하다

해외에 나와서 의사소통이 되지 않으면 불편함을 느끼는 곳 가운데 하나가 바로 미용실이다. 자신이 원하는 스타일의 머리를 말해도 미용사가 알아듣지 못해 엉뚱한 스타일이 나오면 참 난감하다. 베트남어가 서툴러서 정확하게 표현하지 못한다면 자신이 원하는 스타일을 한 사람의 사진을 가져가 보여 주는 것이 가장 좋은 방법이다. 휴대전화에 자신이 원하는 머리스타일을 담아 가서 보여 주면 똑같이는 아니지만 비슷한 스타일이 나온다. 미용사가 원하는 스타일이 있냐고 물으면 "이 사진처럼 잘라 주세요(Anh cắt tóc như ảnh này giúp tôi nhé)"라고 말하면 된다.

Anh muốn cắt tốc thế nào?	어떻게 깎아 드릴까요?
Tùy anh.	알아서 깎아 주세요.
Anh muốn tốc ngắn mức nào?	어느 정도로 깎아 드릴까요?
Anh cắt một chút nữa ở phần bên phải cho tôi nhé.	옆머리는 좀 더 짧게 잘라주세요.
Không ngắn quá.	너무 짧게는 말고요.
Anh muốn lấy ráy tai không?	귀지도 파 드릴까요?
Chị muốn làm kiểu tóc nào ạ?	어떤 머리 스타일을 원해요?
Làm ơn ép thẳng tóc cho.	스트레이트파마를 해 주세요.
Tôi muốn uốn tóc.	나는 파마를 하고 싶어요.
Tôi định mua kem nền trang điểm.	나는 파운데이션을 사려고요.
Tôi nghe nói phần lớn phụ nữ Hàn Quốc rất xinh đẹp vì dùng mỹ phẩm tốt.	듣기로는 한국여자들이 좋은 화장품을 써서 다들 예쁘다더군요.
Không, vợ tôi không trang điểm cũng đẹp!	아니요, 제 아내는 화장을 안 해도 예뻐요!
Hấp thì mất bao lâu?	트리트먼트 하는 데 시간은 얼마나 걸려요?
Chị sơn móng tay và chân nhé.	손톱이나 발톱 페디큐어 하세요.

스트레이트 파마	**ép thẳng tóc** 앱 탕 똑
드라이	**sấy khô** 써이 코
트리트먼트	**hấp phục hồi** 헙 푹 호이
볼륨업	**dập phông** 접 퐁
헤어 젤	**gôm** 곰
왁스	**sáp** 쌉
최신 유행	**kiểu mới** 끼에우 머이
화장하다	**trang điểm** (粧点) 짱 디엠
스킨로션	**dưỡng da** 즈엉 자
파운데이션	**kem phần lót/kem nền** 깸 펀 롯/깸 넨
립스틱	**son môi** 쏜 모이
색조화장	**Hóa trang** 호아 짱
기초화장	**trang điểm cơ bản** (粧点基本) 짱 디엠 꺼 반
미백	**trắng da** 짱 자
매니큐어	**sơn móng tay** 썬 몽 따이
손톱 손질	**chăm sóc móng** 짬 쏙 몽
아이라인	**mẹo kẻ mắt** 매오 깨 맛
체중감량	**giảm cân** (減斤) 지암 껀
다이어트 약	**thuốc giảm cân** 투옥 지암 껀
피부 손질	**căng mịn làn da** 깡 민 란 자
몸매 관리	**giữ dáng** 지으 장
성형원	**viện thẩm mỹ** (院審美) 비엔 텀 미
성형수술	**phẫu thuật thẩm mỹ** (-審美) 퍼우 투엇 텀 미
성형미인	**người đẹp thẩm mỹ** (-審美) 응어이 댑 텀 미
마사지	**mát-xa** 맛 사
스파	**spa** 쓰빠

미용실

남자미용사가 많은 베트남 미용실

베트남의 현지 미용실(Tiệm cắt tóc)은 한국보다 아주 저렴하다. 남자 이발이 약 30,000~100,000동이고 머리샴푸를 할 경우 약 30,000~50,000동이 추가된다. 여자 커트는 약 50,000~100,000동이고, 매직펌은 머리의 길이나 미용실에 따라 다른데 약 400,000~1,500,000까지이고, 염색은 약 300,000~1,000,000동이다. 베트남은 특이하게도 커트나 펌을 하지 않고 샴푸만 해 주는 것도 있다. 샴푸를 두세 번 한 후 머리 마사지까지 한다. 가격은 약 50,000~100,000동까지 있다. 또한 미용실에서 머리를 하면서 메이크업, 발마사지, 손톱, 발톱 페디큐어도 할 수 있다.

Lim

안녕하세요? 나는 관리과장으로 새로 온 임입니다.

Chào anh?

Tôi là Lim, trưởng phòng quản lý mới.

짜오 아잉!? 또이 라 림, 쯔엉 퐁 꾸안 리 머이.

만나서 반갑습니다! 성함이 어떻게 되세요?

Rất vui được gặp anh! Anh tên là gì?

젓 부이 드억 갑 아잉! 아잉 뗀 라 지?

Đồng nghiệp

나도 만나서 매우 반갑습니다. 저는 홍보과장 마잉입니다.

Tôi cũng rất vui được gặp anh.

Tôi là Mạnh, trưởng phòng maketing.

또 꿍 젓 부이 드억 갑 아잉. 또이 라 마잉, 쯔엉 퐁 마깨팅.

Lim

마잉 과장님은 혹시 한국어 할 줄 아세요?

Anh Mạnh có thể nói tiếng Hàn Quốc, được không?

아잉 마잉 꼬 테 노이 띠엥 한 꾸옥, 드억 콩?

Đồng nghiệp

네. 하지만 아직 정통하진 않아요.

Có. Nhưng chưa chuẩn lắm.

꼬. 늉 쯔어 쭈언 람.

나는 여기에서 한국어를 해야 하기 때문에 한국어를 더 연습해야 해요.

Vì tôi phải nói tiếng Hàn ở đây nên phải thực tập tiếng Hàn nhiều hơn nữa.

비 또이 파이 노이 띠엥 한 꾸옥 어 더이 넨 파이 특 떱 띠엥 한 니에우 헌 느어.

Lim

그럼 매일 점심시간에 우리 같이 베트남어와 한국어로 대화하시죠!

Nếu thế thì, chúng ta nói chuyện với nhau cả tiếng Việt lẫn tiếng Hàn vào giờ ăn trưa nhé!

네우 테 티, 쭝 따 노이 쭈이엔 버이 냐우 까 띠엥 비엣 런 띠엥 한 바오 지어 안 쯔어 내!

Đồng nghiệp	좋은 의견이에요! 팀장님은 어디에 살아요? **Đó là một ý kiến hay đấy!** **Anh đang sống ở đâu đấy?** 도 라 못 이 끼엔 하이 더이! 아잉 당 쏭 어 더우 더이?
Lim	나는 미딩에 살아요. 팀장님은요? **Tôi sống ở Mỹ đình đấy. Còn anh?** 또이 쏭 어 미 딩 더이. 꼰 아잉?
Đồng nghiệp	나도 미딩에 살아요. 뭐 타고 출근하세요? **Tôi cũng sống ở Mỹ đình. Anh đi làm bằng gì?** 또이 꿍 쏭 어 미 딩. 아잉 디 람 방 지?
Lim	나는 매일 택시타고 출근해서 돈이 좀 들어요. **Hàng ngày, tôi đi làm bằng taxi nên hơi tốn tiền.** 항 응아이, 또이 디 람 방 딱시 넨 허이 똔 띠엔.
Đồng nghiệp	물론이죠! 그러면 돈을 절약하기 위해서 제 오토바이로 같이 출근해요! **Tất nhiên! Thế chúng ta cùng đi làm bằng xe** **máy của tôi để tiết kiệm nhé!** 떳 니엔! 테 쭝 따 꿍 디 람 방 새 마이 꾸어 또이 데 띠엣 끼엠 내!

đồng nghiệp 同業 동 응히엡　동료
trưởng phòng 長房 쯔엉 퐁　과장
chuẩn 準 쭈언　기준에 맞는, 잘하는
thực tập 實習 특 떱　실습하다

ý kiến 意見 이 끼엔　의견
tốn tiền 똔 띠엔　낭비하다
tiết kiệm 節儉 띠엣 끼엠　절약하다

느억맘

베트남인은 대체로 한국인에게 친절해서 인간관계가 쉽게 만들어지는 편이다. 하지만 진심을 말하고 편한 친구처럼 되려면 베트남 문화에 적응하고 그들에게 마음을 열어야 가능한 일이다. 베트남에서 유학이나 일 관련해서 오랜 기간 머물면서 베트남인과 유대관계가 없으면 베트남 생활은 힘들어지게 마련이다. 베트남인과 진정한 유대관계를 형성하기 위해서 그들 문화에 동화되고 좋아한다고 표현하는 것이 중요하다. 베트남 음식의 진한 허브향 때문에 처음에는 거부감이 있어 먹지 못하는 한국인이 많다. 베트남 음식에 대해 싫어한다고 표현하기보다 함께 식사하면서 허브를 아주 좋아한다고 표현하면 아주 좋아한다. 한국에서도 외국인이 된장찌개나 김치 등 한국의 전통음식을 맛있게 먹으면 한국 사람이 다 됐다며 마음의 벽을 허물고 다가가는 것처럼 베트남인도 마찬가지이다. 고유의 향이 있는 고수(rau thơm), 느억맘(nước mắm), 맘 똠(mắm tôm) 등을 아주 즐겨 먹는다고 얘기하면 그들의 독특한 문화를 받아들인 친구에게 마음을 열고 다가올 가능성이 높아질 것이다.

Tôi vừa mới chuyển đến đây!	저는 막 여기로 이사 왔어요!
Lần sau, mời chị đi thăm nhà tôi nhé!	다음에 저희 집에 놀러 오세요!
Anh quá khen!	과찬이세요!
Bà ấy trông có vẻ tốt.	사람 좋아 보이던데요.
Bà ấy làm cho mọi người khó chịu.	그 할머니는 모든 사람을 불편하게 해요.
Anh nhìn đời một cách lạc quan.	그는 인생을 낙관적으로 바라봐요.
Cho tôi xin số điện thoại của anh nhé.	팀장님의 전화번호 좀 알려 주세요.
Anh nói tiếng Việt rất giỏi!	베트남어를 꽤 잘 하시네요!
Thế chúng ta gặp nhau ở chung cư CT1 khu vực Mỹ đình lúc 6 giờ 30 phút sáng mai nhé!	그럼, 내일 아침 6시 30분에 미딩 CT1 아파트에서 만나요!
Cho tôi xin số điện thoại của anh nhé.	전화번호 좀 알려 주세요.
Đây là danh thiếp của tôi.	여기 내 명함이에요.
Vui lắm!	매우 즐거워요!
Mệt ơi là mệt!	아주 피곤해요!
Ôi buồn quá!	너무 슬프다!
Rất vui được gặp anh.	만나서 정말 반가웠습니다.
Hy vọng sớm gặp lại anh.	다시 뵙기를 희망합니다.
Nghe có vẻ anh biết rất nhiều về thành phố này.	이 도시에 대해 많이 알고 있어 보이는군요.
Lúc nào đó anh dẫn tôi đi vòng quanh 1 chuyến nhé.	언젠가 이 근처를 둘러보게 안내 좀 해주세요.

설비실	**phòng thiết bị** 퐁 티엣 비
허드렛일	**công việc linh tinh** 꽁 비엑 리잉 띠잉
업무요청	**nhờ giúp đỡ công việc** 녀 지웁 더 꽁 비엑
업무과다	**nhiều việc** 니에우 비엑
고된 일	**công việc vất vả** 꽁 비엑 벗 바
업무숙달	**quen công việc** 꾸앤 꽁 비엑
직무유기	**rời bỏ công việc** 저이 보 꽁 비엑
사무처리	**xử lý công việc** 스리 꽁 비엑
비어있는 일정	**trống lịch** 쫑 리익
자료	**tài liệu** 따이 리에우
완료하다	**hoàn thành** 호안 타잉
출력하다	**in** 인
복사본	**bản copy** 반 꼬피
입사동기	**đồng nghiệp vào cộn ty cùng thời điểm** 동 응히엡 바오 꽁 띠 꿍 터이 디엠
사무실	**văn phòng** 반 퐁
첫 직장	**nơi làm việc đầu tiên** 너이 람 비엑 더우 띠엔
직장 환경	**môi trường làm việc** 모이 쯔엉 람 비엑
상사	**sếp** 쎕
부하직원	**nhân viên cấp dưới** 년 비엔 껍 즈어이
사장	**giám đốc**(社長) 지암 독
체크하다	**kiểm tra** 끼엠 짜
업무를 감독하다	**giám sát công việ** 지암 쌋 꽁 비엑
새 직원을 고용하다	**thuê nhân viên mới** 투에 년 비엔 머이

예절

베트남에서는 보통 손님에게 차나 음식을 대접하는데 이를 거부하는 것은 무례한 행동으로 오해 받을 수 있다. 대화할 때에는 허리에 손을 얹거나 팔짱을 끼면 안 되며, 언성을 높이거나 손가락질하는 행동은 베트남인에게 불편함을 주기 때문에 부드러운 목소리로 대화해야 한다. 베트남 민족은 한국인과 비슷하게 정이 많고, 인맥을 통해 많은 일을 해결할 수 있다고 생각한다. 그러므로 좋은 분위기를 만들고 싶다면 자신의 마음을 표현할 수 있는 작은 선물을 준비하는 것도 괜찮다. 베트남 남부 사람은 문구류 등 실용적인 제품을 선호하고, 북부 사람은 유명 브랜드 제품을 선호하는 경향이 있다. 베트남은 여성의 경제활동 참여가 보편적이며, 여성에 대한 예절을 매우 중시한다. 과거 중국 지배기간 동안 많은 베트남 여성이 독립운동에 참여했으며 베트남 전쟁에서도 베트남 여성의 활약이 아주 컸다. 이처럼 전통적으로 베트남 여성은 활발하게 대외활동을 하며 남자 못지않은 강단을 지녔다. 베트남 여성을 깔보거나 업신여겼다가는 낭패를 볼 수 있다.

① 문장구조

주어	서술어	목적어
아이는 Em bé 앰 배	노래한다 hát 핫	
그녀는 Cô ấy 꼬 어이	본다 xem 샘	한국영화를 phim Hàn Quốc. 핌 한 꾸옥

② 주어: 한 단어로 된 주어, 구, 절 등으로 구성

한 단어로 된 주어	연결사	구
명사, 인칭대명사, 시간을 표시하는 명사, 수사, 형용사, 동사	và(그리고), hoặc(또는) 나와 내 친구는… Tôi và bạn tôi… 또이 바 반 또이…	명사·동사구·형용사구 그 새로운 미국 영화는… Bộ phim Mĩ mới ấy… 보 핌 미 머이 어이…
절	**부정단어+부정(대)명사**	**có+명사/명사구**
하루 종일 내린 비는… Trời mưa suốt ngày… 쩌이 므어 쑤옷 응아이…	아무도… không ai… 콩 아이…	교양이 있는 것은… Có văn hóa… 꼬 반 호아…
전치사+명사	**từ … đến(~에서~까지)**	**관용어구**
거의 날이 밝은 것은… Gần sáng… 건 쌍…	하노이에서 후에까지는… Từ Hà Nội đến Huế… 뜨 하노이 덴 후에…	고자질을 잘하는 것은… Ngồi lê mách lẻo… 응오이 레 마익 래오…

서술어: 한 단어로 된 서술어, 구, 절 등으로 구성

한 단어로 된 서술어	구	là(~이다), bằng(~같다)
명사, 동사, 형용사 이 자동차는 비싸다. Xe ô tô này đắt. 새 오또 나이 닷.	명사구, 동사구, 형용사구	그는 의사이다. Anh ấy là bác sĩ. 아잉 어이 라 박 씨.
수사+명사	**절**	**관용어구**
이 집은 40제곱미터이다. Nhà này 40 mét vuông. 냐 나이 본 므어이 맷 브엉.	이 차는 고장 난 기계이다. Xe này máy hỏng. 새 나이 마이 홍.	그녀는 이 산에 올라서 다른 산봉우리를 바라본다. Chị ấy đứng núi này trông núi nọ. 찌 어이 등 누이 나이 쫑 누이 노.

목적어: 타동사와 수량형용사 뒤에 사용

직접목적어	연결사 없이 바로 동사 뒤 위치		
	신문을 사다. mua báo. 무어 바오.	그림을 그리다. vẽ tranh. 배 짜잉.	축구를 보다. xem bóng đá. 샘 봉 다.
간접목적어	직접목적어 뒤, 연결사는 직접목적어와 간접목적어 사이에 위치		
	친구의 책을 빌리다. mượn sách của bạn. 므언 싸익 꾸어 반.		부모에게 편지를 쓰다. viết thư cho bố mẹ. 비엣 트 쪼 보 매.

⑤ 부사, 감탄사

	문장과 수식어의 맨 앞에 위치
부사	정원에서, 두 부부는 대화중이다. Trong vườn, hai vợ chồng đang nói chuyện. 쫑 브언, 하이 보 쫑 당 노이 쭈이엔.

	보통 문장 맨 앞 또는 맨 뒤에 위치
감탄사	오, 이런 세상에, 내가 이토록 늦다니! 아, 어머니가 가버렸다. Ôi trời ơi, tôi đến muộn quá! A, mẹ đã về. 오이 쩌이 어이, 또이 덴 무온 꾸아! 아, 매 다 베.

① 등위접속사

그리고 và	아버지는 글을 쓰는 중이고 어머니는 음악을 듣는 중이에요. Bố đang viết và mẹ đang nghe nhạc. 보 당 비엣 바 매 당 응헤 냑.
또는 hay(là)	어르신 여기서 드실 건가요, 아니면 가져가실 건가요? Ông, dùng ở đây, hay là mang về ạ? 옹, 중 어 더이, 하이 라 망 베 아?
그런데 còn	그는 베트남인인데, 나는 한국 사람이에요. Anh ấy là người Việt, còn tôi là người Hàn. 아잉 어이 라 응어이 비엣, 꼰 또이 라 응어이 한.
하지만 nhưng	고맙습니다. 하지만 나는 괜찮아요. Cảm ơn. Nhưng tôi ổn. 깜언. 늉 또이 온.
접속사가 없을 때	비가 많이 오고 바람이 세요. Mưa to, gió lớn. 므어 또, 지오 런.

② 종속접속사: 주절–접속사–종속절

원인–결과 ~때문에	vì	아들이 못된 행동을 했기 때문에 어머니는 아들을 꾸짖었다. Mẹ mắng con vì con hư. 매 망 꼰 비 꼰 흐.
	do	날씨가 너무 더워서 나무가 죽었다. Cây chết do trời nóng quá. 꺼이 쩻 조 쩌이 농 꾸아.
	nhờ	그가 도와 준 덕분에 나는 비행기 표를 살 수 있었다. Tôi mua được vé máy bay nhờ anh ấy giúp. 또이 무어 드억 배 마이 바이 녀 아잉 어이 지웁.

조건/가설-결과 만약에 한다면	nếu	만약에 그렇게 일을 많이 하면 형은 아프게 될 거예요. Anh sẽ ốm nếu anh làm anh làm việc nhiều như thế. 아잉 쌔 옴 네우 아잉 람 아잉 람 비엑 니에우 뉴 테.
	miễn là	즐겁기만 한다면, 나는 어디든 놀러 가도 괜찮다. Tôi đi chơi đâu cũng được, miễn là vui. 또이 디 쩌이 더우 꿍 드억, 미엔 라 부이.
양보 비록~이지만	tuy	비록 그녀가 매우 많이 설명을 했지만, 그는 전혀 이해를 못했다. Anh ấy chẳng hiểu gì cả, tuy chị ấy đã giải thích rất nhiều. 아잉 어이 짱 히에우 지 까, 뚜이 찌 어이 다 지아이 티익 젓 니에우.
	dù	비록 날씨가 안 좋아도, 내일 나는 여행을 갈 것이다. Ngày mai tôi sẽ đi du lịch, dù thời tiết xấu. 응아이 마이 또이 쌔 디 주 리익, 주 터이 띠엣 서우.
	mặc dù	비록 음식이 맛있어도, 나는 아무것도 먹지 않았다. Tôi chẳng muốn ăn gì, mặc dù thức ăn ngon. 또이 짱 무온 안 지, 막 주 특 안 응온.
목적 ~위해서	để	베트남어를 공부하기 위해서 나는 베트남으로 왔어요. Tôi sang Việt Nam để học tiếng Việt. 또이 쌍 비엣 남 데 혹 띠엥 비엣.

③ 2개 접속사: 접속사 1+종속절–접속사 2+주절

원인-결과	Vì	nên/mà	아들이 못된 행동을 했기 때문에 어머니가 꾸짖었다. Vì con hư nên mẹ mắng. 비 꼰 흐 넨 매 망.
	Do	nên/mà	날씨가 너무 덥기 때문에 나무는 죽었다. Do trời nóng quá mà cây chết. 조 쩌이 농 꾸아 마 꺼이 쩻.

	Nhờ	nên/mà	그가 도와준 덕분에 나는 비행기 표를 살 수 있었다. Nhờ anh ấy giúp mà tôi mua được vé máy bay. 녀 아잉 어이 지웁 마 또이 무어 드억 배 마이 바이.
	Bởi	nên/mà	그녀는 수영을 많이 해서 매우 건강하다. Bởi cô ấy bơi nhiều nên cô ấy rất khỏe. 버이 꼬 어이 버이 니에우 넨 꼬 어이 젓 코애.
	Tại	thì	강풍 때문에 나무는 쓰러졌다. Tại gió to nên cây đổ. 따이 지오 또 넨 꺼이 도.
조건/가설-결과	Nếu	thì	만약 조금만 먹으면 배가 고프다. Nếu ăn ít thì đói. 네우 안 잇 티 도이.
	Gía	thì	만약 내가 그를 만날 수 있으면 좋을 텐데. Giá tôi gặp được anh ấy thì tốt quá. 지아 또이 갑 드억 아잉 어이 티 똣 꾸아.
	Hễ	thì	날씨가 추우면 할아버지는 피곤해 한다. Hễ trời lạnh thì ông ấy mệt. 헤 쩌이 라잉 티 옹 어이 멧.
	Miễn	thì	즐겁기만 한다면, 나는 어디든 놀러 가도 괜찮다. Miễn là vui thì tôi đi chơi đâu cũng được. 미엔 라 부이 티 또이 디 쩌이 더우 꿍 드억.
양보	Tuy/ Dù/ Mặc dù	nhưng	비록 날씨가 안 좋아도, 내일 나는 여행을 갈 것이다. Dù thời tiết xấu nhưng, ngày mai tôi sẽ đi du lịch. 주 터이 띠엣 서우 늉, 응아이 마이 또이 쌔 디 주 리익.

| | Thà | còn hơn | 이 음식을 먹느니 차라리 굶겠다.
Thà nhịn đói còn hơn ăn món này.
타 닌 도이 꼰 헌 안 몬 나이. |
| 목적 | Để | thì | 베트남어를 공부하기 위해서 나는 베트남으로 왔어요.
Để học tiếng Việt thì tôi sang Việt Nam.
데 혹 띠엥 비엣 티 또이 쌍 비엣 남. |

④ 기타 기능어에 의한 접속사

~하자마자 vừa mới ... đã	그가 몇 마디 말하자마자 그녀는 울었다. Anh ấy vừa mới nói vài câu mà chị ấy đã khóc. 아잉 어이 브어 머이 노이 바이 꺼우 마 찌 어이 다 콕.
~해야 비로소 có ... mới	일을 해야지 비로소 먹을 수 있다. Có làm thì mới có ăn. 꼬 람 티 머이 꼬 안.
~일수록 ~하다 càng ... càng	비가 많이 올수록 어린이는 더욱더 즐거워한다. Trời càng mưa to thì trẻ con càng vui. 쩌이 깡 므어 또 티 째 꼰 깡 부이.
~뿐만 아니라, 또한 ~이다 không những, mà còn ...	여기는 커피가 매우 맛있을 뿐만 아니라, 음악 또한 매우 좋다. Ở đây không nhưng cà phê rất ngon, mà còn nhạc còn rất hay. 어 더이 콩 늉 까 페 젓 응온, 마 꼰 냑 꼰 젓 하이.

① 긍정문

주어+동사	나는 밥을 먹는다. Tôi ăn cơm. 또이 안 껌.
주어+형용사	그녀는 예쁘다. Cô ấy xinh đẹp. 꼬 어이 시잉 댑.

② 부정문

아직 ~아니다 chưa	나는 아직 밥을 먹지 않았다. Tôi chưa ăn cơm. 또이 쯔어 안 껌.
~아니다 không/chẳng	그녀는 예쁘지 않다. Cô ấy không xinh đẹp. 꼬 어이 콩 시잉 댑.
결코 ~아니다 chưa/không/chẳng+hiểu gì cả	그들은 아직 결코 아무것도 듣지 못했다. Họ chưa nghe thấy gì cả. 호 쯔어 응해 터이 지 까.
~아니다 đã … đâu	그는 한국에 가지 않았다. Anh ấy đã đi Hàn Quốc đâu. 아잉 어이 다 디 한 꾸옥 더우.
~아니다 có … đâu	할머니는 신문을 사지 않았다. Bà ấy có mua báo đâu. 바 어이 꼬 무어 바오 더우.
아무도 ~아니다 ai … được	아무도 모른다. Ai biết được. 아이 비엣 드억.

❶ 의문사

누가 ai	누가 그녀를 불렀어요? Ai gọi cô ấy? 아이 고이 꼬 어이?
언제 khi nào	언제 오세요? Khi nào tới? 키 나오 떠이?
어디서 ở đâu	동생은 어디서 살아? Em sống ở đâu? 앰 쏭 어 더우?
무엇을 gì	형 이름은 뭐예요? Anh tên là gì? 아잉 뗀 라 지?
어때요? thế nào?	데이트는 어땠어요? Hẹn hò thế nào? 핸 호 테 나오?
왜 sao	왜 늦게 왔니? Sao về muộn? 싸오 베 무온?
얼마나 bao nhiêu	키가 얼마나 돼? Cao bao nhiêu? 까오 바오 니에우?
얼마 동안 bao lâu	친구는 그곳에 얼마 동안 있었니? Bạn ở đó bao lâu? 반 어 도 바로 러우?
어디로 đi đâu	형은 어디로 가요? Anh đi đâu đấy? 아잉 디 더우 더우?
무슨 nào	누나는 무슨 색깔 옷을 좋아해요? Chị thích áo màu nào? 찌 티익 아오 마우 나오?

❷ 'có+동사/형용사+không?' 'đã+동사+chưa?' '… phải không?'

~입니까? **có … không?**	누나는 건강하세요? Chị có khỏe không? 찌 꼬 코애 콩?
	그래, 건강해. Có, chị khỏe. 꼬, 찌 코애.
	아니, 건강하지 않아. Không, chị không khỏe. 콩, 찌 콩 코애.
~했어요? **đã … chưa?**	누나는 벌써 밥을 먹었어요? Chị đã ăn cơm chưa? 찌 다 안 껌 쯔어?
	그래, 이미 밥을 먹었어. Rồi, chị đã ăn rồi. 조이, 찌 다 안 조이.
	아직, 밥을 먹지 않았어. Chưa, chị chưa ăn 쯔어, 찌 쯔어 안.
~이지요? **phải không?**	형은 한국 사람이지요? Anh là người Hàn Quốc phải không? 아잉 라 응어이 한 꾸옥 파이 콩?
	그래요, 나는 한국 사람이에요. Phải. anh là người Hàn Quốc. 파이, 아이 라 응어이 한 꾸옥.
	아니요, 나는 베트남인이에요. Không phải, anh là người Việt. 콩 파이, 아잉 라 응어이 비엣.

~이에요? ... à?	형님은 지금 식사 중이에요? Anh đang ăn cơm à? 아잉 당 안 껌 아?
~그렇지요? (동의 기대) ... nhỉ?	날씨가 덥지요? Trời nóng nhỉ? 쩌이 농 니?
~였어요? (요구, 강조) ... chứ?	영화 볼래요? Anh xem phim chứ? 아잉 샘 핌 쯔?
~이에요? (친밀함 표시) ... đấy?	동생아 어디 가는 거니? Em đi đâu đấy? 앰 디 더우 더이?
~요? (친밀, 놀람) ... hả?	서로 싸웠어요? Đánh nhau hả? 다잉 나우 하?

④ 요청과 지시

동사를 맨 앞, 억양은 강하게		크게 읽으세요! Đọc to lên! 독 또 렌!
	동사+đi	우리 같이 가자. Chúng ta cùng nhau đi đi. 쭝 따 꿍 냐우 디 디.
충고, 설득	hãy	서행하시오! Hãy đi chậm! 하이 디 쩜!
	nên	너는 멋을 좀 내는 것이 좋겠다. Em nên sửa soạn một chút. 앰 넨 쓰어 쏘안 못 쭛.

부정문 요구	đừng	크게 말하지 마라. Đừng nói to. 등 노이 또.
	chớ	말하지 마라. Chớ nói. 쪼 노이.
	cấm	진입 금지. Cấm vào. 껌 바오.
	không được	그런 소리 하면 안 된다. Không được nói lời đó. 콩 드억 노이 러이 도.
부정문 요청	không nên	담배 피우지 마세요. Không nên hút thuốc. 콩 넨 훗 투옥.
정중한 요청	mời	들어오세요. Mời vào. 머이 바오.
	xin	어서 들어오세요. Xin mời vào. 신 머이 바오.

● 숫자 표현 Chữ số

0	không	콩
1	một	못
2	hai	하이
3	ba	바
4	bốn	본
5	năm	남
6	sáu	싸우
7	bảy	바이
8	tám	땀
9	chín	찐
10	mười	므어이
11	mười một	므어이 못
12	mười hai	므어이 하이
13	mười ba	므어이 바
14	mười bốn	므어이 본
15	mười lăm	므어이 람
16	mười sáu	므어이 싸우
17	mười bảy	므어이 바이
18	mười tám	므어이 땀
19	mười chín	므어이 찐
20	hai mươi	하이 므어이
21	hai mươi mốt	하이 므어이 못
1/2	một phân hai	못 펀 하이
1.5	một chấm năm	못 쩜 남

10	mười	므어이
20	hai mươi	하이 므어이
30	ba mươi	바 므어이
40	bốn mươi	본 므어이
50	năm mươi	남 므어이
60	sáu mươi	싸우 므어이
70	bảy mươi	버이 므어이
80	tám mươi	땀 므어이
90	chín mươi	찐 므어이
100	một trăm	못 짬
101	một trăm linh/lẻ một	못 짬 리잉/래 못
1,000	một nghìn/ngàn	못 응힌/응안
1,001	một nghìn không lẻ một	못 응힌 콩 래 못
10,000	mười nghìn	므어이 응힌
100,000	một trăm nghìn	못 짬 응힌
1,000,000	một triệu	못 찌에우
10,000,000	mười triệu	므어이 찌에우
100,000,000	một trăm triệu	못 짬 찌에우
1,000,000,000	một tỉ	못 띠
1,000,000,000,000	một nghìn tỉ	못 응힌 띠

• 서수(số thứ tự, 첫 번째, 두 번째…): thứ nhất, thứ hai, thứ ba, thứ tư, thứ năm, thứ sau, thứ bảy, thứ tám, thứ chín, thứ mười

• 기타: 짝수(số chẵn), 홀수(số lẻ),1/2(một phần hai), 더하기(cộng), 빼기(trừ), 곱하기(nhân), 나누기(chia), =(bằng), 20%(hai mươi phần trăm), 2배(gấp đôi), 100㎡(một trăm mét vuông)

일	ngày	응아이
일(1~10일 앞에)	ngày mồng/ngày mùng	응아이 몽/응아이 뭉
주	tuần	뚜언
달	tháng	탕
분기	quý	꾸이
반기	nửa năm	느어 남
연(年)	năm	남
음력	âm lịch	엄 리익
그끄저께	hôm kìa	홍 끼어
그저께	hôm kia	홈 끼어
어제	hôm qua	홈 꾸아
오늘	hôm nay	홈 나이
내일	ngày mai	응아이 마이
모레	ngày kia	응아이 끼어
글피	ngày kìa	응아이 끼어
아침	buổi sáng	부오이 쌍
점심	buổi trưa	부오이 쯔어
오후	buổi chiều	부오이 찌에우
저녁	buổi tối	부오이 또이
밤	buổi đêm	부오이 뎀
시	giờ	지어
분	phút	풋

초	giây	지어이
시간 앞 전치사	lúc	룩
~분 전	kém	깸
지금	bây giờ	버이 지어
시간	tiếng	띠엥
반(30분)	rưỡi	즈어이
정시	đúng	둥
과거	quá khứ	꾸아 크
현재	hiện tại	히엔 따이
미래	tương lai	뜨엉 라이
과거시제를 나타내는 조동사	đã+동사	다
현재진행시제를 나타내는 조동사	đang+동사	당
미래시제를 나타내는 조동사	sẽ	쌔
~동안	trong	쫑
~후에	sau	싸우
~전에	trước	쯔억

● **시간 표현 II** *Thời gian*

구분	과거 Quá khứ			현재 Hiện tại		미래 Tương lai	
연 Năm	삼 년 전 Ba năm trước	이 년 전 Năm trước nữa	지난 해 Năm ngoái, Năm trước	올해 Năm nay	일 년 후 Năm sau, Năm tới, Sang năm	이 년 후 Năm sau nữa	삼 년 후 Ba năm nữa
월 Tháng	석 달 전 Ba tháng trước	두 달 전 Tháng trước nữa	지난 달 Tháng trước	이번 달 Tháng này	다음 달 Tháng sau	두 달 후 Tháng sau nữa	석 달 후 Ba tháng nữa
주 Tuần	삼 주 전 Ba tuần trước	이 주 전 Tuần trước nữa	지난주 Tuần trước	이번 주 Tuần này	다음 주 Tuần sau	이 주 후 Tuần sau nữa	삼 주 후 Ba tuần nữa
일 Ngày	삼 일 전 Ba hôm trước	그제 Hôm kia	어제 Hôm qua	오늘 Hôm nay	내일 Ngày mai	이 일 후 Ngày kia	삼 일 후 Ba ngày nữa
시간 Giờ		아까 Lúc nãy		지금 Bây giờ		잠시 후 Lát nữa	

1, 2, 3 … 시간 전
1, 2, 3 … tiếng trước

1, 2, 3 … 시간 후
1, 2, 3 … tiếng nữa

1, 2, 3 … 분 전
1, 2, 3 … phút trước

1, 2, 3 … 분 후
1, 2, 3 … phút nữa

● 종별사 Loại từ

명사 앞에 위치하여 명사의 종류를 나타내는 단어

생물	con	con người 인간, con chim 새
무생물	cái	cái đồng hồ 시계, cái ghế 의자
옷가지, 차량 등	chiếc	chiếc taxi 택시, chiếc giầy 신발 한 켤레
책	cuốn, quyển	cuốn sách 책 quyển sách 책, quyển từ điển 사전
종이	tờ	tờ báo 신문, tờ giấy 종이
그림, 사진, 편지	bức	bức tranh 그림, bức ảnh 사진, bức thư 편지
야채	củ	củ tỏi 마늘, củ khoai lang 고구마
과일, 둥근 것	quả	quả dứa 파인애플, quả trứng 달걀, quả bóng 공
꽃	bông	bông hoa 꽃, bông lúa 벼(이삭)

● 지시대명사 Đại danh từ chỉ định

이것, 이 사람	đây	Đây là cái ba lô. 이것은 배낭이다. Đây là anh Hùng. 이 사람은 훙이다. 화자와 청자와 가까이 있는 사물이나 사람을 가리킬 때
저것, 저 사람	kia	Kia là con mèo. 저것은 고양이이다. Kia là cô Hương. 저 사람은 흐엉 선생님이다. 화자와 청자와 멀리 있는 사물이나 사람을 가리킬 때
그것, 그 사람	đấy, đó	Đó là quyển từ điển. 그것은 사전이다. Đấy là bạn gái của tôi. 그 사람은 내 여자 친구이다. 화자와 멀리 있고, 청자와는 가까이 있는 사물이나 사람을 가리킬 때
저기	kìa	Nhìn kìa! 저기 봐!
그	ấy	Nhớ mang cuốn sách ấy nhé. 그 책은 반드시 가져가. anh ấy 그 형(오빠), thời ấy 그 때
이	này	Cái ba lô này cũ. 이 배낭은 낡았다. *Này! 이 봐!

● 색깔 Màu sắc

빨간색	màu đỏ	마우 도
주황색	màu vàng cháy	마우 방 짜이
노란색	màu vàng	마우 방
초록색	màu xanh lục	마우 사잉 룩
파란색	màu xanh	마우 사잉
남색	màu lam	마우 람
검정색	màu đen	마우 댄
흰색	màu trắng	마우 짱
금색	màu vàng	마우 방
회색	màu ghi	마우 기
하늘색	màu xanh da trời	마우 사잉 자 쩌이
분홍색	màu hồng	마우 홍

● 신체 Thân thể

등	lưng	릉
어깨	vai	바이
팔	cánh tay	까잉 따이
가슴	ngực	응윽
배	bụng	붕
엉덩이	mông	몽
무릎	đầu gối	더우 고이
발	bàn chân	반 쩐
발가락	ngón chân	응온 쩐

발바닥	lòng bàn chân	롱 반 쩐
이마	trán	짠
눈꺼풀	mí mắt	미 멋
눈	mắt	멋
귀	tai	따이
코	mũi	무이
볼	má	마
입술	môi	모이
잇몸	lợi	로이
치아	răng	장
혀	lưỡi	르어이
턱	cằm	깜
점	nốt ruồi	놋 주오이
손	bàn tay	반 따이
첫 번째 손가락	ngón cái	응온 까이
두 번째 손가락	ngón trỏ	응온 쪼
세 번째 손가락	ngón giữa	응온 지으어
네 번째 손가락	ngón danh	응온 자잉
다섯 번째 손가락	ngón út	응온 웃
손바닥	lòng bàn tay	롱 반 따이
체내 기관	cơ quan trong cơ thể	꺼 꾸안 쫑 꺼 테
피부	da	자
근육	cơ bắp	꺼 밥
뼈	xương	스엉
심장	tim	띰

피	máu	마우
뇌	não	나오
목구멍	họng	홍
장	ruột	주옷
신경	thần kinh	턴 끼잉
위	dạ dày	자 자이
건강한	khỏe mạnh	코애 마잉
키 작은	thấp	텁
살찐	béo	배오
포동포동한	tròn trịa	쫀 찌어
마른	gầy	거이

● 가구 Đồ dùng trong nhà

의자	cái ghế	까이 게
탁자	bàn uống nước	반 우옹 느억
책상	bàn học	반 혹
소파	ghế xô pha	게 소 파
식탁	bàn ăn	반 안
상	cái bàn	까이 반
가전제품	đồ điện gia đình	도 디엔 지아 딩
세탁기	máy giặt	마이 지앗
전기난로	quạt sưởi điện	꾸앗 쓰어이 디엔
다리미	bàn là	반 라
선풍기	quạt điện	꾸앗 디엔

진공청소기	máy hút bụi	마이 훗 부이
전기장판	chăn điện	짠 디엔
공기청정기	máy lọc không khí(--空氣)	마이 록 콩 키
가습기	máy phun sương tạo ẩm	마이 푼 쓰엉 따오 엄

● 생활용품 Đồ dùng sinh hoạ

걸레	rẻ lau nhà	재 라우 냐
바늘/실	kim khâu/chỉ	낌 커우/찌
손톱깎이	cái bấm móng tay	까이 범 몽 따이
쓰레받기	cái hót rác	까이 홋 작
비누	xà phòng bánh	사 퐁 바잉
치약	kem đánh răng	깸 다잉 장
화장품	mỹ phẩm	미 펌
헤어드라이기	máy xấy tóc	마이 서이 똑
빗자루	chổi	쩌이
세제	xà phòng bột	싸 퐁 봇
면도기	máy cạo râu	마이 까오 저우
린스	dầu xa	저우 사
화장지	giấy vệ sinh	지어이 베 씨잉

● 주방용품 Đồ dùng trong bếp

찬장	tủ bếp	뚜 벱
가스레인지	bếp ga	벱 가
전자레인지	lò vi sóng	로 비 쏭
오븐	lò nướng	로 느엉
토스트기	lò nướng bánh mì	로 느어 바잉 미
커피머신	máy pha cà phê	마이 파 까 페
전기밥솥	nồi cơm điện	노이 껌 디엔
전기믹서기	máy xay sinh tố	마이 싸이 씨잉 또
식기세척기	máy rửa bát	마이 즈어 밧
정수기	máy lọc nước	마이 록 느억
국자	thìa canh	티어 까잉
냄비	nồi	노이
프라이팬	chảo	짜오
도마	cái thớt	까이 텃
고무장갑	găng tay cao su	강 따이 까오 쑤
숟가락	cái thìa	까이 티어
젓가락	đũa	두어
포크	đĩa	지어
공기	bát	밧
접시	đĩa	디어
컵	cốc/ly	꼭/리
냅킨	khăn ăn	칸 안
싱크대	bồn rửa bát	본 즈어 밧

● 성격과 감정 Tính cách và tình cảm

적극적인	tích cực(積極)	띠익 끅
소극적인	tiêu cực(消極)	띠에우 끅
능동적인	năng động(能動)	낭 동
수동적인	thụ động(受動)	투 동
낙관적인	lạc quan(樂觀)	락 꾸안
비관적인	bi quan(悲觀)	비 꾸안
참기 힘든	khó chịu	코 찌우
마음 좋은	tốt bụng	똣 붕
친절한	tử tế	뜨 떼
게으른	lười	르어이
싫은	ghét	갯
미친	điên	디엔
행복한	hạnh phúc(幸福)	하잉 푹
희망하다	hi vọng(希望)	히 봉
놀라운	ngạc nhiên	응악 니엔
믿다	tin	띤
사랑하다	yêu	이에우
슬픈	buồn	부온
피곤한	mệt	멧
지루한	chán	짠
우울한	u sầu	우 써우
불행한	bất hạnh(不幸)	벗 하잉
실망한	thất vọng(失望)	텃 봉

화가 난	giận	지언
감동한	cảm động(感動)	깜 동
짜증난	bực	븍